목자심서

수학 영재 아빠의 요절 복통 육아 이야기

1장 | 중독의 시작

부부, 자녀, 모든 가정 문제는 관계에 있다

3장 ㅣ 모든 것이 무너졌을 지라도

하나님을 바라보고 기다리고 기다리자
– 이새의 줄기에서 난 한 싹이..

4장 | 잘못된 선택과 집중 그리고 원망

나 이스라엘의 하나님이 그들을 버리지 아니할 것이라

5장 | 엑사고라조메노이(에베소서 5:16)

Pay the Price and Take the opportunity

6장 | 결국은 하나님 편에 서야 한다

거룩한 이가 이것을 창조하신 바인 줄 알며 함께 헤아리며
깨달으리라

1장

중독의 시작

부부, 자녀, 모든 가정 문제는 관계에 있다

가정에서 누리는 소확행

함께 게임하면서 '욕'하는 오·빠 목사

초딩4 넷째 아들,
중딩1 셋째 딸,
중딩3 둘째 아들,
그리고 나 반백 살. 다섯 아이 아빠. (오·빠 목사)

2022년 현재 나는 가족들과 함께 모바일 배틀그라운드 게임을 시작하려 한다. 하루 중 가장 흥분된 시간이다. 아이들이나 어른인 나나. 저녁 식후 함께 노는 시간이라 흥분은 최고조에 달한다. 머리에선 모두 도파민이 뿜뿜!!

초등학교 4학년인 넷째가 제일 신났다. 모바일과 장비 등을 세팅하면서 콧노래를 부르며 중얼거린다.

"오늘은 치킨이다. 가즈~~아! 치킨"

이 대사는 아빠가 다들 거실로 모이라는 주문이기도 하다. 엄마는 가능하면 몰라야 한다. 왜냐하면 엄마가 기분 안 좋은 날에는 폭풍과 같은 백린탄(잔소리, 러시아 미사일)이 거실에 무차별 떨어지기 때문이다. 엄마 대장이 제일 막강하다.

게임 스타트!

나: 자자 따라오기 누르고. 첫 낙하 지점은 쇼핑몰 옥상으로 이동한다. 낙하 시, 주위를 탐색해 주고, 우리 팀 외 적이 2팀 이상이 떨어지면 둘째가 상황을 알려준다 .

중3 아들: 아빠! 적이 2팀 이상인 듯

나: 일단 흩어지지 말고 옥상에서 살아남아! 명령이다.

낙하 착지 후 3. 2. 1 초 후 다다다다다다

나: 딸 딸(셋째 딸) 나 총 맞았어! 빨리 나 살려~ 뭐해?

나는 죽어가고 있다. (회복 기회 30초 안에) 기어다니며 살려 달라고 외치지만 딸은 보이지 않는다. 조작 능력(에이밍)이 떨어져 주로 보급과 회복을 맡은 딸이 날 회복시켜야 하는데 보이지 않는다.

> 나: 어딨어? 딸 템 줍지 말고 빨리 살려!!!!! (딸은 열심히 보급품을 줍고 있다. 이런 멍청이)

나의 다급함은 극에 달하고, 게임이 뭐라고 우리는 시작만 하면 개진지해진다.

> 중1 딸: 아빠 옥상에 못 내렸어! 1층에서 올라가는 중…

조작능력이 떨어져 정확한 위치에 낙하하지 못한 딸이다. 그리고 10초 후

> 중1 딸: 아~ 쒸 나도 죽었어! 계단 올라오다 죽었나보다(기어다니고 있다).
> 나: #$%#$%야~

나도 모르게 순간 욕설이 튀어 나왔다.

나: 그럼 오빠는 어때?

중3 아들: 죽었어. 옥상에 적이 3명. 양각 걸려.

나: 넷째는…?

중3 아들: 혼자 숲에 엎드려 숨어 있어.

중1 딸: 3뚜껑 쓰고 기어다니는 중이네……

　우리 팀은 시작하자마자 손발이 안 맞아 몰상 당했다. 이때부터 우리 4명은 멘붕이다. 나는 옥상에 내리자마자 총 줍다가 후라팬과 주먹에 맞아 죽고, 둘째는 혼자 1:3으로 싸우다 양각에 못 버티고 죽고, 셋째는 1층에서 뛰어 올라오다 죽고, 넷째는 3뚝(최고 방어 아이템) 쓰고 건물 밖 숲에 엎드려 숨어 있다. 초딩4답다(그리고 혼자 깔깔거린다). 한 대 쥐어박고 싶다. 그리고 초딩4는 적이 다 사라질 때까지 숨어 있다가 자기장에 걸려 죽는다.

　이러면 30분이 순식간에 그냥 간다. 뭘 했을까? 와이파이 잡고, 초대하고, 대기 타다 시작 후 아무것도 한 것 없이 게임 한판 한 것이다. 시간이 아깝다. 최악의 상황이다. 스트레스 풀려고 들어왔다가 오히려 머리에 스팀이 꽉 차고, 속은 부글부글, 총질도 못하면서 날 살리지 못하는 딸에 대한 원망, 제일 잘하는 아들은 못 버티고 양각에 죽어 버리고, 초등학교 4

학년에게 거는 기대는 1도 없는 상황이라 짜증이 나고 화가 난다. 그러나 이 같은 최악의 상황을 모면하면 재미있다. 치킨을 먹는 날에는 '와~ 치킨이다~' 환호성을 지르며 4명은 얼싸안는다. 가족의 유대감을 최대치로 끌어올릴 수 있다.

얻는 것도 많다. 아니 사실 더 크다. 행복이 무엇인지 느낀다고나 할까? 삶 속에서 누릴 수 있는 소확행이다.

그러나 혼자서 PC방에서 담배 몇 갑을 축내며, 컵라면으로 세 끼를 때우고 보내는 폐인의 삶은 너무나 비참하다. 나 홀로 방에 틀어박혀 몇 년을 그렇게 보내어 봤지만 비절(悲絶)한 삶일 뿐이다. 나는 그런 삶을 살아봤다.

아내의 공중부양

2015년, 내 나이 43살 때의 일이다. 첫 책 'PC방 폐인이었던 나는 목사다(P폐나목, 나침반)'를 출간하고 모바일 게임을 처음 했을 때다. '에이지 오브 엠파이어 2'라는 게임이었다. 전통 PC 게임에서 모바일로 옮겨진 유명한 IP게임이었다. 공짜(?)로 내려받아 어디서든지 할 수 있는 매력적인 게임이었다. 처음 일주일 동안 정신없이 게임에 빠졌다. 마치 20대 시절 처음

PC방에서 게임을 접했을 때의 흥분, 그 느낌이었다. 40대 중반의 담임 목사가 할 짓은 아니다. 2015년 당시 게임 중독 예방치유 전문가로서 연구(?)해 보아야 하는 분야였다. 새로운 문물을 배워야 한다. (솔직히 지금의 내가 게임 중독 전문 상담가가 될 줄은 몰랐다.) 아마 이때 유튜버로 활동했다면 제법 많은 '좋댓구알(좋아요, 댓글, 구독, 알림 설정)'을 클릭했을 듯하다.

에이지 오브 엠파이어 2 게임은 광물을 꾸준히 수집하며 사냥을 해야 한다. 그리고 전쟁을 통해 경험치와 전리품을 획득하며 성장하는 게임이다. 그리고 유저들은 경쟁과 전쟁을 통해 더 많은 경험치와 고급 아이템을 수집하는 게임 형식이다.

나는 그냥 즐길 줄 아는, 순수형(?) 게이머였다. 그 당시 담임 목사의 신분을 가졌기에 숨어서 눈치 보며 은둔형으로 즐겨야 했다. 아내에게도 자식에게도 말 못 할 사정이 생긴 것이다. 새벽 1시까지는 기본으로 휴대폰 게임을 돌려야 했다. 새벽기도 설교와 차량 운전을 하고 있는 개척목사이기에 새벽 5시면 보통 일어나야 하지만 게임 때문에 알람을 4시로 설정했다. 알람이 울리면 불도 켜지 않고 휴대폰부터 들여다봤다.

광물과 식량을 캔다. 옥수수, 감자, 골드 등등 열심히 쿡쿡 눌러 캔다. 일일 퀘스트를 한다. 처음 일주일가량은 유저들끼리 전투를 할 수 없고 AI 인공지능들과 경쟁을 하며 키워야 한다. 정말 열심히 잠을 줄여가며 게임이라는 막노동을 했다.

쉬지 말고 기도하라고 하셨건만... 일주일 후 유저들끼리 싸움이 시작된다. 오픈된 그날 밤, 자정 12시 땡하고 넘긴 후 나는 유저들과 실시간 전투에서 승승장구하며 새벽에야 잠을 잤다. 2시간가량 잤을까? 새벽 4시에 해롱해롱(내 이름은 문해롱이다.) 눈을 뜨자마자 내 캐릭터를 살폈을 때 우리 기지는 초토화되어 있었다. 일주일 동안 모은 게임머니의 반을 잃어버렸다.

'누가 나를 턴 거야? 누가 공격한 거냐고?'

전투 기록 모드가 있어 알아본 결과, 나를 턴 인간의 아이디는 '일격에주님곁으로' 바로 '일격'이었다.

'일격에 주님 곁으로... 내가 보내리라!!!!!'

왜 내 기지를 쳐들어왔냐고 귓말로 물었다. 대꾸가 없었다. 그는 다음 날 새벽에 또 쳐들어왔다. 너무 열받았다. 아침에 눈뜨자마자 본 기지를 살폈다. 처참한 모습에 너무 열을 받았다. 복수를 다짐하며 '일격에주님곁으로' 기지로 쳐들어갔다.

그러나 또 패했다. 그가 가진 아이템은 현질로 구매한 고급 아이템이었다. 내가 일주일간 막노동을 해서 얻은 초급 아이템으로 공격했지만 오히려 빼앗겨 버렸다. 새벽 운전을 하면서, 새벽 설교하면서, 불 끄고 새벽 기도하면서도 잊으려 했지만 내 머릿속은 온통 '일격에주님곁으로'라는 그놈만 생각났다.

'주님! 어찌해야 합니까? 어찌해야 '일격'이를 주님 곁으로 보낼 수 있습니까?'

왜 나만 공격하냐고 또 귓말을 넣었다. 그랬더니 내 아이디가 마음에 들지 않는다고 했다. 내 아이디는 '나는목사다'였다. 왜 마음에 안 드냐고 물으니 자기는 교회 다니는 집사인데 너처럼 목사 사칭하고 다니는 인간들 보면 화가 난단다. 그래서 말했다. 나는 진짜 목사라고 했더니

'ㅋㅋㅋㅋㅋㅋ'
'ㅋㅋㅋㅋㅋㅋ'

이런 댓글만 날아왔다. 그는 다음 날 새벽 또 쳐들어와 박살을 내고 달아났다. 새벽 설교를 마치고 불을 끄고 기도하는데

어둠의 목소리가 들렸다.

'현질하라~ 현질하라~ 현질하라~'
'누구십니까?'
'너의 원래 주인이다. 현질 하라~'

다니엘이 주님의 음성을 처음 듣고 4번 만에 응답했던 것처럼 나는 응답하기 시작했다. 기도를 마치고 6시 반에 카드 결제를 시도했다. 목사가 오직 영적 싸움을 해야 하건만 30분간 신용카드 결제 프로그램과의 싸움을 했다. 처음 시도하는 결제 시스템은 너무나 복잡했다. 하나님이 막으시는 듯 했다.

그러나 나는 승리하리라!

온 정신을 모아 결제 오류의 강을 건넜다. 마치 요단강을 건넌 기분이었다. 현금으로 도배된 전신갑주(고급 아이템)를 취하기 위해 심혈을 기울였다.

첫 현질 결제,

'결제하시겠습니까?'라는 질문에 10여 분간의 고민 끝에 눌렀다. 1,000원의 결제 승인 완료를 위해 수많은 유혹(?!)을 견뎌 아이템을 획득했다. 내 인생 첫 현질 아이템이었다. 그리고 '일격' 본성을 찾아 무너트리며 주님 곁으로 보내어 드렸다.

통쾌한 아침이었다.

'일격'의 반격은 당일 오전 11시 이후부터 지속되었다. 나는 철저히 수동으로 방어했다. 전투를 수동으로 거부할 수 있다. 그러나 내가 반응하지 않으면 전투는 자동으로 시작된다. 하루 종일 휴대폰을 놓을 수 없었다. 새벽 1시까지 끊임없는 알람은 '도전을 받으시겠습니까? → 아니오'로 철저히 응수하며 버텼다. 왜냐하면 그 녀석의 아이템은 3,000원짜리 현질로 업그레이드되어 있었기 때문에 '아이템 발'에서 뒤처져 있었다. 내 기지는 다음 날 새벽 3시경 또 털려 있었다.

다음 날 새벽에도 나는 또다시 현질로 전신갑주 3,000원짜리 현질 아이템을 취하기 위해 모바일 카드 결제로 향했다. 2번째 결제 시도는 아주 간단했다. 결제 승인. 그리고 2차 복수를 감행했다. '일격'을 주님 곁으로 보내어 드렸다. 통쾌했다. 우리들의 전투는 매일 현질로 이어졌다. 내 입장에선 목사와 집사의 전투였지만, 그의 입장은 성도와 사이비 목사와의 전투였다.

다음 날은 현질 5,000원. 다음 날은 11,000원. 그 다음 날은 33,000원... 이렇게 현질은 날마다 늘어나며 하루 최대 11만 원어치 카드를 긁는 놀라운 능력(?)이 나에게서 나타나기 시작했다. 첫날 1,000원 긁는 것을 30분 동안 고민하며 힘겨워 했지만, 11만 원을 긁는 데에는 그렇게 길지도, 주저함도 없었다. 오로지 '일격에주님곁으로' 녀석을 끝장내기 위해 나의 승부욕은 불타올랐다. 그리고 이것이 현질 중독의 시작임을 모른 채 이성은 무뎌져만 갔다. 판단력도 흐려지기 시작했다.

어느덧 한 달이 지나가고 있었다. 텅 빈 사무실에 숨어서 열심히 게임을 하고 있을 때였다. '다다다다다' 갑자기 땅의 진동이 느껴지기 시작했다. 지진이 일어난 듯했다. 잠겨진 사무실을 쿵쿵 치더니 밖에서 "여보! 여보!" 다급한 소리가 들렸다. 황급히 휴대폰을 끄고 문을 열었을 때 두려움이 엄습해 왔다. 게임머니, 현질 50만 원이 넘는 카드 고지서를 든 아내의 얼굴을 봤다. 나는 일단 도망치기 시작했다. 도망치며 뒤돌아 아내를 봤다. 롯의 일가족처럼 나는 소금기둥이 된 듯했다.

아내는 공중 부양한 듯 날 쫓아 오고 있었다. 나는 지금도 아내의 공중 부양을 잊을 수가 없다. 사람은 목사가 되어도 잘 바뀌지 않는다. 목사 이전에 먼저 인간이 되어야 할 듯하다.

집에 가고 싶은데 집이 없었다

어머니의 고추방앗간

나는 남평문씨(南平文氏) 26대손의 외아들에 장손으로 태어났다. 나의 어머니는 갖가지 지병으로 늘 고생의 나날들을 보냈다. 돌이켜 보면 부모님은 안 해본 장사가 없었다. 부전시장에서 옷 가게, 구멍가게, 마늘, 수박 등 철마다 갖가지 도매상점, 광안리 해수욕장 수영복 판매점 그리고 초등학교 5학년 때 하셨던 오락실이다. 이렇듯 갖가지 장사를 하며 먹고 살아 보겠노라고 발버둥치셨던 분들이다. 때론 엄청 잘 사셨다. 결국 망했지만 말이다.

내가 기억하는 가게 중 으뜸은 오락실이었다. 나는 우리 동네에서 게임을 제일 잘하는 아이였다. 아침에 학교 가기 전에 꼭 몇 판을 하고 갔다. 매일 모든 게임기의 1위에 'MOON HEA RYONG'이라는 내 이름 석 자를 새겨넣었다. 만약 그날 저녁 게임기 중 하나라도 다른 게이머 이름이 1위 자리에 있으면 그다음 날 아침에 내 이름 석 자를 다시 박아 놓고 가는 것이 나의 중요한 일과였다. 마치 오늘날 유저들이 정신없이 눈 뜨자마자 광물 캐고 농장 정리, 일정 시간마다 알람 설정하고, 지인들에게 받은 하루 하트들을 적립하고, '좋댓구알'을 부르짖듯이 말이다.

이럴 적 게임에 노출된 환경은 어른이 되어서 내가 약할 때 부정적 역할을 하였다. 그것도 전 인생에 있어서 시간적, 시기적, 성실성에 큰 영향을 미쳤다. 남의 가정사에 대해 별로 궁금하지 않겠지만, 가정 환경의 중요성은 심리 교육학적으로 너무나 중요하기에 언급하지 않을 수 없다. 부부가 행복하지 않으면 그 상처는 무의식적으로 자녀의 마음에 쉽게 남는다.

아버지는 자녀 교육 때문이었는지 아니면 사업이 실패해서였는지 아무튼 1여 년 만에 오락실을 접었다. 그리고 우리 집은 고추방앗간을 시작했다. 어머니는 지병인 당뇨를 관리도 하지 않고 손바닥이 갈라지도록 일을 하셨다. 수많은 합병증과 중병인 자궁암이 있었지만 그럼에도 열심히 사셨다. 그런데도 하는 사업마다 실패했다. 부모님은 날이면 날마다 끊임없이 싸웠고, 어린 나는 그것이 상처가 되는 줄도 모른 채 청소년기를 맞았다.

우리집은 내가 초등학교 1학년 이전에는 엄청 잘 살았다고 한다. 아마도 재벌 2세나, 땅부자쯤은 되어 있을 정도로 말이다. 그런데 내가 초등학교 1학년 때 시작된 어머니의 당뇨병은 구안괘사와 자궁암에 이르기까지 수많은 합병증을 불러왔다. 그 당시만 해도 이 병은 불치병으로 불리는 중한 병이었다. 왜냐하면 관리 소홀로 인해 합병증을 유발하기 때문이다.

당뇨병에 걸린 어머니는 늘 아프셨는데, 입이 삐뚤어져 얼굴에 마스크를 벗는 날이 거의 없었다. 거기다 내가 태어난 이후 수많은 사업 실패로 점차 가계 부채가 늘어가자 아버지는 술로 밤을 보냈다. 어머니가 돌아가시기 전 마지막 가게였던 고추방앗간은 고된 일이라 새벽 5시부터 문을 열어 준비를 하고 손님을 맞이했다. 그리고 밤 10시쯤 되어서야 문을 닫았다. 그 힘든 일을 어머니 혼자 거의 하셨는데, 온갖 지병이 있는 어머니에게는 무척 고된 일이었다.

우리 집은 고추방앗간 외에도 밑반찬과 야채 등을 팔았다. 그로 인해 어머니의 손은 마디마디마다 갈라져 있었다. 마치 시골장터 80세 할머니의 손바닥처럼 말이다. 손톱은 무좀까지 생겨 마치 혹성 바닥 같았다. 어머니의 자궁암으로 인해 부부 갈등의 골은 점점 깊어져만 갔고, 구안괘사로 인해 입이 삐뚤어져 여자로서 자괴감마저 느끼셨던 것 같다. 그럼에도 불구하고 어머니는 매일 새벽이면 고추방앗간 문을 열었다. 왜냐하면 지금까지의 빚을 청산할 수 있는 대박 사업이었고 하나밖에 없는 아들인 나를 대학에 보내야 했기 때문이다.

그저 공부 공부 공부

아버지의 꿈은 내가 서울대에 들어가는 것이었다. 아버지에게 있어 인생의 가치는 공부, 출세, 그저 돈이 전부였다. 아내가 죽어가고 있는데도 말이다. 어머니의 지병으로 인해 부모님의 관계는 악화일로를 달렸고, 밤마다 싸우며 질러대는 고함 소리가 동네방네 퍼져갔다. 밤이면 아버지는 술을 드시고 먼저 시비를 거신다.

"이혼하자!"
"그래, 이혼해 주면 될 거 아니가!"

어머니의 답변은 내 심장을 찢어 놓는 듯했다. 어머니의 고통스러운 일상은 성장하는 나에게 부정적 성향을 자극했다. 그로 인해 나는 점점 불안해졌고 자신감과 의욕도 사라져 갔다.

중학교 1학년 12월, 어머니는 생을 스스로 마감하고 말았다. 그런데 어머니의 죽음이 타살이라는 소문이 퍼졌다. '아버지가 어머니를 밤에 두들겨 패 죽였다'라는 소문이었다. 동네의 어린 동생들조차 나에게 그렇게 말했을 정도였다. 그래서인지 동네 사람들은 더 이상 우리 가게의 물건을 사주지 않았다. 대박 날 것 같았던 고추방앗간은 그렇게 망해 갔다.

장례를 치르는 동안 이틀째 계속 울고 있는 나에게 아버지는 위로랍시고 이렇게 말했다.

"네 친엄마가 아니니까 너무 슬퍼하지 마라."

'이게 무슨 말이지?' 돌아가신 어머니가 내 친어머니가 아니라는 사실을 그때 알게 되었다. 날 사랑하지 않기때문에 죽을 수 있었다고 생각하기 시작했고 그 생각은 내가 폐인이 되는 데 부정적 영향을 미치기 시작했다. 지금 생각하면 아버지의 그런 행동은 참으로 나쁜 남편이요, 나쁜 아버지의 표본이었다. 나는 아버지의 첩에게서 태어난 집안의 장손이었다. 서자였다. 그 설움은 나의 깊은 무의식 속에 남아 콤플렉스와 연결되어 있었다.

날 기르신 내 어머니는 딸 하나 외에는 아이를 가질 수 없었던 아버지의 조강지처였다. 그런데 어느 날 아버지는 이 집안을 이을 후손이라며, 갓 젖을 뗀 사내아이를 안고 집으로 들어왔다. 그때 내 이복누나는 16살이었다.

자신의 몸에서 난 제 자식이 아님에도 불구하고 오로지 나만을 바라보며 고생하시고 인내하시던 내 어머니는 결국 가슴 아프게도 그렇게 생을 마감함으로써 내 곁을 떠나갔다. 예수님도 알지 못한 채, 그렇게 지극 정성으로 키운 아들의 효도도 한 번 받아보지 못한 채, 당신의 며느리도, 5명의 손자, 손녀들도 한 번 안아보지도 못한 채 생을 접고 떠나갔다.

어머니를 생각할 때면 조금만 더 참고 기다려 주었더라면 하는 아쉬움 아니 패배주의로 말미암은 어머니를 향한 원망으로 뒤덮인 채 살아온 나의 젊은 날이 생각나 가슴 한 편이 아려온다. 어머니의 죽음은 내게 삶과 죽음이라는 막연하면서도 심오한 무언가를 마음뿐만 아니라 온몸으로 체감하게 했다.

사실 나는 그때 그 자살이 무슨 의미인지 이해할 수 없었다. 그러나 시간이 흐를수록 어머니에 대한 달콤하면서도 아픈 기억들이 새록새록 가슴을 저며 왔다. 어머니의 음성, 숨결, 손길, 눈빛, 맛난 음식 등 그동안 대수롭지 않게 여겼던 어머니의 흔적들이 나를 감싸면서 그리움에 목마르게 했다. 나는 세월의 흐름 속에서 그리움과 외로움이라는 것을 온몸으로 느끼기 시작했다. 어머니를 불행하게 만든 원흉이 나인 것 같아 늘 죄스러웠다. 그리고 실패할 때마다 원망했다. 아버지 때문, 어머니 때문이라....

아버지는 조강지처인 어머니와 사별한 지 3개월 만에 새장가를 들었다. 그리고 3년 동안 3번이나 새장가를 갔다. 새로오신 새어머니는 몇 달이 안 되어 도망치고 말았다. 세 번째 새엄마와 그녀의 아들이 함께 들어왔다. 새형과 새엄마는 집에 있는 패물과 돈을 훔쳤는데, 때로는 그 대가를 내가 치러야 할 때도 있었다. 새엄마라는 분이 아버지에게 내가 훔쳐 갔다고 거짓말을 했기 때문이다. 나는 그때마다 목에 칼을 갖다 대며 누명을 벗으려고 애썼던 기억이 난다. 아버지는 또 술을 드시기 시작했다.

나는 나름 공부에 소질이 있는 듯했다. 어머니가 돌아가시던 그해 중학교 1학년 등수가 나왔는데, 첫 중간고사 때 반에서 21등을 했다. 이 당시 중학교의 한 반 학생 수는 60명 이상, 1학년만 13반까지 있었던 것으로 기억한다. 그리고 1학기

기말고사 때는 14등을 했다. 그리고 2학기 중간고사 때 7등을 하며 전교생을 100명씩 제치고 올라갔다.

초등학교 때는 공부를 잘하지 못했다. 받아쓰기에서 40점을 받아 올 때가 다반사였다. 그런데도 어머니는 늘 동네 사람들에게 머리가 좋다고 자랑하곤 했다. 솔직히 나는 기초가 부족했다. 그런 나에게 열악한 교육 환경까지 한계가 있음에도 불구하고 나에 대한 아버지의 기대치는 유난히 높았다. 아버지의 높은 기대치는 나에게 부담으로 작용했고 정체도 알 수 없는 불안에 시달렸다. 그것 때문인지 나의 청소년기는 늘 정서적으로 불안정한 상태였다.

나는 암울한 가정 환경 속에서 중학교 2, 3학년을 보냈다. 성적은 반에서 10~20등 사이였으나 계속 내리막을 달리고 있었다. 그땐 내가 열심히 안 해서 공부를 못한다고 생각했다. 그러나 지금 생각해 보면 정말 열심히 했다. 내 인생에 두 번 다시없을 열정으로 열심히 했다. 그러나 성적은 좀처럼 나아지지 않았다. 집중력이 떨어졌다. 의욕만 있었지 영혼이 불안해지고 상처로 얼룩져 있다는 것을 알지 못했다. 어떤 날은 타이밍 약이라고 불리는 각성제를 며칠씩 복용해 가며 1인 독서실에서 밤샘 공부를 하기도 했다. 그런데도 성적은 더 떨어졌다. 성적 부진으로 인해 담임선생님 앞에서 하소연하며 울 정도였다. 이후로 의욕 상실, 자신감 상실, 계획 부족, 인내심 부족, 패배주의 성향이 강해지기 시작했고 포기하는 것이 더 쉬워졌다. 인문계 고등학교를 통해 대학에 가고 싶은 마음은 완전히 사라졌다.

나는 여차여차해서 인문계 고등학교를 가지 않고 공고를 선택했다. 특히 새엄마와 새형 때문에 부산기계공고 기숙사로 도피했다. 아버지는 나에게 좋은 대학에 가야 한다며 인문계 고등학교를 강요했지만, 내 고집을 꺾지는 못했다. 나는 그 당시 좌충우돌 부대끼며 인생의 첫 단추를 스스로 잘못 꿰어버린 나 자신에게 측은함을 느낀다. 그래서 지금의 나는 그때의 나에게 찾아가서 위로를 해 주고 싶다. 부모가 된 지금 나는 내 인생에서 그때가 가장 안타깝다. 이때부터 인생이 꼬이기 시작했기 때문이다.

부산기계공고를 다니던 고2 때, 친구를 따라 태어나서 처음으로 교회 여름수련회를 갔다. 그런데 수련회를 마치고 돌아온 나는 새엄마로부터 아버지가 간암이라는 청천벽력 같은 소식을 들었다. 그해 말 겨울, 아버지는 어머니의 기일에 내가 마지막으로 준비해 드리는 제사를 보시고는 눈을 뜬 채로 세상을 떠나셨다. 어머니와 사별한 후 4년 만의 일이었다. 비록 썩 좋은 아버지는 아니었지만 아버지마저 나를 떠났다. 그렇게 나는 철저히 혼자가 되었다. 아버지는 당시 빚더미에 앉아 어려운 형편이었음에도 불구하고 새엄마 몰래 늘 내 손에 용돈을 쥐여주었다. 나중에 알게 된 사실이지만 그것은 아버지의 병원 치료비와 약값이었다. 당신의 마지막 사랑을 그렇게 용돈으로 표현하셨던 것 같다.

새엄마와 새형은 고추방앗간을 팔고 빚을 청산한 후 남은 돈과 전세금을 가지고 떠났다. 내 손에 쥐여진 돈은 고작 80만 원이었다. 나는 그 돈과 가방 2개를 맨 채 혼자가 되었다. 고아였다. 그나마 위로로 삼을 것이 있다면 성인이 될 날이 얼마 남지 않았다는 것이었다. 아버지가 80만 원을 유산으로 남기고 돌아가신 후 나는 갈 곳이 없었다. 그래서 해운대 부산기계공고 학교 후문에 있는 독서실에 한 달 치를 예약했다. 독서실에서 공부하는 척하면서 그곳을 숙소로 이용했다. 이때는 시험기간이 아니라서 독서실을 이용하는 학생도 별로 없었다. 밤이면 의자를 모아 놓고 잤다.

독서실에서 지내면서 남은 돈을 들고 남포동 깡통시장(부산 국제시장)으로 갔다. 처음 만져보는 목돈인지라 앞뒤 생각할 것도 없이 33만 원이라는 거금을 주고 평소 가져보지 못한 소니 미니 카세트를 덜렁 샀다. 세상 물정도 모르고 대책도 없고 외로움과 심심함에 에누리도 없이 최고급으로 샀다. 추가 배터리도 하나 더 샀다. 그 당시 미니 카세트는 오늘날 휴대폰만큼이나 비싸고 인기 있는 제품이었다. 그리고 남포등 영화 골목으로 달려가 신승훈의 '미소 속에 비친 그대'가 들어 있는 카세트테이프를 샀다. 나머지 돈으로는 오토바이를 샀다. 나는 그만큼 철부지였다.

나는 외로움을 오토바이와 노래로 달래 보려 했다. 그러나 외로움은 더욱 사무쳐만 갔다. 내 속에 상처로 생긴 견고한 진들이 점점 내 인생 전체를 휘감고 나를 조여 오는 줄 모르고 있었다. 그다음 해에 나온 신승훈의 '보이지 않는 사랑'은 나를 완전히 외로움의 구렁텅이로 몰아넣었다. 이어폰을 타고 흘러드는 유행가의 가사와 선율은 내 몸과 영혼을 장악해 들어갔다.

'이히 리베 디히~ 사랑해선 안 될 게 너무 많아 그래서 더욱 슬퍼지는 것 같아 그중에서 가장 슬픈 건 날 사랑하지 않는 그대 하지만 나 이렇게 슬프게 우는 건 내일이면 찾아올 그리움 때문일 거야'

지금 생각해 보면 그 노래 가사와 나는 아무런 상관이 없었는데도 나는 이 노래에 푹 빠져 들었다. 청소년기의 감성이 란 것은 이런 것인가 보다. 노래에 빠져들수록 그 가사와 선율 은 나를 더 비참하게 할 뿐이었다. 미칠 것만 같았다. 나는 스 스로 외로움에 몸을 맡긴 채 밤새도록 듣고 또 들었다. 그때는 찬양의 은혜와 치료를 몰랐으니 말이다.

아마도 청소년의 탈선은 이런 감정에서 시작되는 듯하다. 외롭고 누군가를 만나고 싶은데 아무도 자신의 감정을 이해해 주지 못한다. 가지고 싶은 것은 많은데, 사랑도 하고 받고 싶 은데 아무것도 할 수 없다는 생각이 들면 무기력해진다. '될 대 로 되라지.' 자포자기하며 자신의 의지를 스스로 꺾어버린다. 남포동 밤거리를 걸었다. 밤은 점점 깊어가고 난 갈 곳이 없었 다. 집에 가고 싶은데 갈 집이 없었다. 부모님이 돌아가신 후 에 내가 착각하고 있는 것이 하나 있었다.

'아! 드디어 나는 자유인이구나. 더 이상 부모의 간섭을 받 지 않고 내 마음대로 살 수 있구나.'

그런 생각을 하면서 앞으로 내가 감당해야 할 외롭고 고통 스러운 나날들은 생각지도 못했다. 너무도 위험한 착각이었 다. 어쩌면 이 착각 때문에 20대를 방탕하게 보냈는지도 모른다. 부모로부터 제대로 된 훈육을 받지 못했고, 바른 생활습관이 몸에 배어 있지 않은 나의 탈선은 내 인생에 엄청난 파장을 남겼다. 내가 얼마나 어리석은 자이며, 내가 한 행위가 얼마나 무모했는지는 엄청난 시행착오를 겪은 끝에야 비로소 깨닫게 되었다. 그리고 왜 부모들이 고아로 자란 사람과 결혼을 허락하지 않으려고 하는지에 그에 대한 이유도 내가 부모가 되어서야 이해하게 되었다. 나의 어릴 적 충격은 성인이 된 현재의 '나'에게도 무섭게 영향을 끼치고 있다. 아직 미성숙한 청소년 시기의 질풍노도는 걷잡을 수 없는 절망과 패배주의를 내게 안겨 주었다.

나쁜 환경과 나를 통제해 주는 부모가 없는 삶은 미래가 없는 삶이라는 사실을 고아가 된 지 15년이 흘러 성경을 읽는 가운데 깨달았다. 하나님은 부모의 가르침이 중요하다고 말씀하고 있다.

내 아들아 네 아비의 훈계를 들으며 네 어미의 법을 떠나지 말며
잠 4:1

아비의 훈계를 업신여기는 자는 미련한 자요 경계를 받는 자는 슬기를 얻을 자니라 잠 15:5

나의 부모님은 하나님에 대해 가르친 적이 없다. 또한 인간으로서 책임과 성실, 행복하게 사는 삶의 아름다운 덕을 나에게 보여주지 못했다. 제일 중요한 교육, 하나님을 아는 지식을 가르치는 일임에도 그저 서울대 법대, 돈, 권력, 인기만 강조하셨다. 내가 아버지로부터 받은 삶에 대한 교육은 그것이 전부였다. 아버지는 그것을 최고의 교육으로 여기셨다. 그러나 지금 나는 수많은 시행착오를 겪은 다섯 아이의 아빠로서 나의 자녀들에게 뿐 아니라 과거 1991년의 나 '해룡'이를 찾아가는 아빠가 되어 가고 있다.

거룩한 에너지로 전환하라 첫 번째

개 값은 치르지 말자

어릴 적 한 판에 천 원짜리 내기 장기를 두다 싸우는 아버지를 본 적이 있다. 추했다. 그러나 어느새 그러고 있는 나의 모습을 발견했다. 과거 PC방에서 스타크래프트를 하다가 마우스를 던져 모니터를 부수기도 했다. 성숙하지 못했다. 그렇다면 성숙은 어디서 오는 것일까? 깊은 깨달음? 그럼, 깊은 깨달음은 어떻게 얻을 수 있을까? 조금 빨리 얻는 지름길은 없는가? 꼭 엄청난 고행과 시행착오를 겪어야만 하는가? 모니터를 박살 내었듯이 어떤 대가를 치러야만 하는 것일까?

진짜 이런 시행착오는 개 값이다. '참아라, 싸우지 마라, 이해해라.' 이런 교육만으로 부족함을 느낀다. 나는 크나큰 상처를 얻고야 깨달았다. 너무나 어리석은 삶이었다는 것을 목사 아빠가 되어서 깨닫기 시작했다. 내 자녀를 위해서 무엇을 남길 것인가!

스트레스가 큰 운전을 가르치든, 함께 일을 해 보든, 자녀 교육 문제로 다툼이 있든, 가족 간 돈 문제이든, 성격 차이로 인한 갈등이든, 우리는 숱한 갈등 속에 있다. 결국 문제는 서로를 이해해 보려 하지 않는다. 그런 감정을 처리할 줄도 모른다. 그것은 가정에서, 부모로부터 제대로 배우지 못했기 때문이다.

관계와 영성의 시작은, 부모

나는 아빠로서 게임을 통해 가족 구성원의 관계를 가르치고 싶었다. 이러한 시대의 놀이 문화도 거룩하고 영적인 것이라 생각한다. 왜냐하면 관계이기 때문이다.

가장 근본적인 영성은 하나님과의 관계 속에서 그분을 아는 것이다. 하지만 많은 사람들이 가족 간의 관계 영성에는 무지하거나 소홀히 한다. 특히 아빠, 엄마가 그렇게 산다. 돈 번다고 정신없이 살다 보니 어느덧 자녀들이 다 커버렸다. 가족 구성원들은 자신을 알고 다른 형제를 알아야 한다. 그리고 다른 사람과 깊은 관계를 형성해 나아갈 수 있는 힘을 길러야 한다.

그러기 위해서는 같이 놀아야 한다. 신나게 함께 놀아야 잘 배울 수가 있다. 싸울 수도 있고 그러면서 화해하는 법도 배운다. 특히 온라인 게임 놀이 문화를 통해 가족 관계를 배울 수 있다. 이것은 현시대의 흐름이다. 정통은 아니다. 그러나 현시대 자녀들에게 가장 익숙한 문화이고, 놀이의 매개체이다. 시대 흐름 속 관계 매개체이다.

게임이나 노름이 위험한 것은 컨트롤하기 힘들 만큼 몰입한다는 것이다. 즉 이성을 잃기가 쉽다. 이유는 몰입감과 감정이입, 돈과 승부욕이라는 자존심이 걸렸다. 그러나 바르게만 배우면 다른 쾌락으로 탕진하는 세월보다 멘탈 관리, 관계 관리 측면에서 잘 배울 수 있다. 예를 들어 가족 간에 운전을 가르쳐도 화를 다스릴 수 있다. 연습이 필요하고 온라인 게임은 이런 연습장이 될 수 있다.

대부분 사람들은 하나에 꽂히면 그것에 감정을 쏟아붓는다. 자신의 자존심까지 건다. 정신줄을 놓은 상태에서는 하나님이 없다. 자신의 자존심만 있을 뿐이다. 그렇기 때문에 부모로부터 바른 가르침이 필요하다. 왜냐하면 부모는 하나님의 얼굴이기 때문이다.

가족의 유대감이 무엇보다 중요하다. 최고조로 흥분된 상태에서 자신의 감정과 다른 사람의 감정, 또 약한 사람을 이해하는 과정을 배우는 데 집중해야 한다. 게임은 게임일 뿐이다. 철없는 시절에는 '왜 도와주지 않지?' 다른 사람을 원망하고, 팀워크가 맞지 않는 것에 스트레스를 받고 원망하며 습관화되어 간다. 인내하지 못하는 연약함을 벗어버리고 함께하는 즐거움과 기다리는 인내와 하나되는 것을 배운다면 이보다 더 좋은 사회성과 화합을 터득할 수 있는 값싼 공간은 없다. 그러므로 게임을 터부시할 필요는 없다.

　참 아이러니한 것은 게임을 하다 아빠인 내가 성질을 내면 둘째 아들이 부드럽게 한마디한다.

　"아빠! 게임은 게임일 뿐이야, 너무 흥분한 것 같아."

　이 말에 나는 머쓱해진다. 아이들을 통해서 감정을 조절하는 법을 배운다. 만약 여기서 삐지면 나는 꼰대요, 어리석은 자가 된다. 우리는 서로 지켜주는 법을 배워간다. 아들이 나를 지켜 준 것이다. 또한 어른인 아빠가 옆에 있기에 자녀들은 조심성을 먼저 키워간다. 예컨대, 감정을 조절하는 것까지 말이다. 가족이 함께 몰두하며(중요한 일이든 아니든지) 많이 해보지 못했기 때문에 갈등을 해결하는 능력이 부족하다.

　다음 중 어떤 부부가 결혼 생활을 통해 친밀도가 높은 관계를 형성할 수 있을까? 첫 번째, 평소에도 싸움을 잘 하지 않다가 한번 터지면 수습이 잘 안되는 부부. 두 번째, 평소에는 별거도 아닌 것으로 자주 싸움을 하지만 수습을 잘해 나가는 부부. 바로 답은 2번이다. 문제를 해결하고 서로 이해하는 경험치를 쌓는 것이 중요하다. 부부의 친밀도를 끌어올려야 한다.

　가족이 함께하면 재미는 두 배가 아닌 제곱이 된다. 행복을 위해서는 참고 인내하고 이해하는 노력이 필요하다. 그 재미를 느끼면 혼자 놀지 않는다. 혼자 놀아도 오래 가지 않는다. 만약 혼자 놀고 있다면 관계 문제에 빨간불이 들어오고 있음을 감지할 수 있어야 한다. 그리고 가족이기에 서로에게 최고의 버팀목이 되어 줄 수 있다.

게임할 때 3가지만 하지 마라

　건전한 게임은 해도 된다.
　단, 현질하지 마라 시간 낭비 마라.
　혼자 놀지 마라.

2015년도 일이었던 나의 첫 현질 게임. 에이지오브엠파이어2 게임을 한 달 동안 50여만 원이라는 거금을 현질하면서 아시아 6위라는 대기록(?)으로 상위 랭크 20위에 내 이름을 올렸다. 어느 날, 항상 10위권 이내를 유지하고 있을 때 '일격의 주님곁으로'에게 나는 개인문자를 날렸다.

나: 왜 그렇게 집요하게 날 괴롭히냐?

일격: 니 아이디가 마음에 안 들어

나: 왜? 내 아이디가 어째서? '나는땡중이다'도 있는데…

일격: 나는 교회 다니는 집사야! 교회 사칭하고 목사 사칭하는 놈. 다 혼 좀 나야 해

나: 나 목사 맞는데…

일격: 거짓말하지마, 목사가 무슨 현질하고 맨날 게임하냐? 우리교회 목사님들은 기도하고 심방하고 설교하느라 가족 얼굴 보기도 힘들대. 가족들은 하나님께 맡기고 산다는데…

나: 가족을 먼저 돌봐야 바른 신앙이지!

일격: 사꾸라 목사야! 성경이 몇 권인지나 아냐?

나: 삼구27=66(구약 39 신약 27 합 66)

일격: 어라 교회는 다니네

나: 목사라니까! 너 직업은 뭐냐?

일격: 업자+건물주

나: 이 게임에 한 달 동안 얼마 썼냐?

일격: 300만원

나: 헐! 돈 안 아깝냐! 헌금해야지...

일격: 골프 치러 가면 100만 원 쓰는데 3번 안 가면 돼. 너처
   럼 사이비 찌질이 괴롭히는 재미가 있지. ㅋㅋㅋ

온라인 세상은 익명으로 활동하기에 실제 그 사람을 알 수
없다. 상위 20위 안에는 변호사, 교수, 스님, 사업가, 백수, 막
노동꾼, 별의별 사람이 다 있었고 막말을 했다. 나는 최소한의
예의를 지키려고 애를 썼다. '나는스님이다' 유저에게 '혹시 진
짜 스님이세요?'라고 공손히 묻기도 했다.

20위 안에 드는 사람들은 한 달 평균 500만 원. 최고 1,000
만 원어치 현질을 했다. 그들은 자신의 여가, 자기만족을 위해
아깝다고 생각하지 않았다. 그리고 상위 랭크를 유지하기 위
해 다음 달도 현질을 이어갔다. 이 속에서 위너가 되기를 꿈꾸
는 듯했다. 그리고 나는 한 달 만에 접었다.

몇 개월 후 이 게임에 다시 접속했다. 내가 알던 유저들은
없었다. '일격에주님곁으로'도, '나는스님이다'도 말이다. 내가

쏟아부은 돈과 시간은 어디로 갔는지, 처량한 신세의 캐릭터가 되어 있었고 AI 같은 좀비들만 득실댔다. 새로운 유저가 없으니 아주 재미없는 게임이었다. 그 당시 유저들은 새로운 게임으로 다 옮겨갔다고 한다.

게임은 조립식이다. 모듈식, 코딩화된 프로그램으로 만든다. 그래서 다시 만들 수 있다. 한때 통계에 의하면 1년간 새로운 게임이 50여만 개 이상이 제작된단다. 100억이 넘는 게임은 연간 20여 개 이상 제작되곤 했다. 미래에는 영화처럼 더 화려하게 만들어질 수도 있을 것이다. 그때마다 나는 홀려서 넘어갈 것인가? 내 자녀들이 이런 '꼬라지'의 삶을 살도록 방목할 것인가? 그래서 나는 자녀들에게 게임하려면 제대로 된 것 하라고(예컨대, 스타크래프트, 롤, 피파4 등) 말한다. 전략적이고, 함께 고민하고, 함께 웃고, 실력으로 즐길 수 있는 게임을 하라고….

2022년 프로게이머들 사이에 '실력은 돈을 주고 살 수 없다.'는 말이 나왔다. 문제는 실력을 키우려면 시간을 들이지 않으면 안 된다는 것이다. 시간을 들여 최고 실력자, 그랜드 마스터가 등급에 올라갔다고 가정하자. 늘 재미있을 것 같은가? 내가 스타그래프트 2 마스터 등급까지 올라가 보았다. 그곳에서도 치열한 경쟁이 이루어진다. 한마디로 피곤하다. 게임이 게임이 아닌 것이 되어 버린다. 좀 낮은 하수랑 붙으면 양민학살인데 이건 싱겁다. 초등학생과 바둑 두는 느낌이랄까! 그런데 아들이랑 팀 먹고 하는 스타크래프트는 정말 재미있다. 아들도 아빠를 통해 짧은 시간에 기술을 배운다. 그냥 낮은 등급에서 친구들끼리 싸우지 않고 하는 게임이 여유롭게 즐길 수 있다.

세 가지만 하지 마라.
현질, 시간 낭비, 혼자 놀지 마라. 팀워크를 이루어 같이 놀아라. 더 재밌고 배울 것이 있다. 함께 노는 법을 아는 자녀들은 혼자 노는 것이 재미없다는 것을 느낀다. 전략적으로 생각하고 팀워크를 이루며 실력으로 즐기는 것을 하고 프로게이머가 될 것이 아니면 적당히 해라. 아무리 높은 등급, 골드 마스터 등급에 올라가도 쉽고 편한 것은 없다. 최고의 단계, 프로 세계에서도 스트레스 받는다.

스트레스를 받을 것 같으면 빨리 접어라. 게임을 좋아하는 내 아들들에게 늘 하는 말이다. 화내면서까지 놀이에 혼을 쏟을 필요는 없다. 가치 있는 것이 아니면 마음을 들여 시간 낭비 하지 마라. 속상할 뿐이다. 더 가치 있는 것에 마음을 두라. 시간을 들여 높은 등급을 이루는 게임은 끝이 나지 않는다. 엔딩이 없다. 우리는 엔딩이 없는 게임 속에서 막노동을 하며, 그것이 즐겁다고 자랑하는 시대를 살고 있다. 결국 허망하다는 것을 깨닫는 순간이 온다. 더 늦기 전에 깨닫기를 바란다.

그래서 나는 지금 반백살이지만 우리 가족은 같이 논다. 솔직히 이제 게임이 재미없지만 그래도 같이 놀려고 애를 쓴다. 아이들이 아빠랑 하는 게임이 너무 재밌단다. 행복하게 즐기는 아이들의 옆모습을 보며 나도 행복해진다. 아이가 게임을 하면서 어떤 부분에서 웃고 행복해하는지, 어떤 부분에서 짜증 내고 스트레스 받는지를 본다. 그리고 행복할 수 없는 잘못된 행동, 하나님께서 기뻐하지 않는 부분을 가르쳐 준다. 그리고 하고 싶은 것을 계속하고 싶으면 하기 싫은 것도 해야 한다고 가르친다. 그렇게 같이 놀았더니 부자관계가 깊어져 있었다.

게임은 현대의 청소년 시기 자녀들과 소통하기에 가장 적절한 도구 중 하나다. 가장 인기 있는 게임은 롤과 배틀그라운드 게임이다. 롤은 전략적이고 팀웍 형성에는 좋으나 시간을 많이 잡아먹는다. 배틀그라운드는 폭력성이 아주 강하다. 그래서 내가 추천하고 싶은 게임은 스타크래프트 2, 오버워치, 피파 4 정도다.

우리집은 게임을 하고 싶으면 하루에 꼭 해야 할 숙제가 있다.(예, 부모님 순종, 형제 우애, 수학문제 풀기.) 목사 자녀라 예배는 기본이다. 기본은 절대적이다. 아빠인 내가 양보하지 않는 부분이다. 허용치가 높은 부모이지만 하나님의 말씀을 벗어나면 허용되는 것은 없다. 때론 벌로 차단된다. 그러나 열심히 노력하고 공부했다면 휴대폰, 컴퓨터, 게임이 허용된다. 모든 게임이 다 나쁜 것이 아니기 때문이다.

아빠가 게임 중독자의 삶을 살았지만, 우리집은 첫째 아이가 컴퓨터를 처음 접한 것이 초등학교 3학년 때이고 첫 게임은 한글 타자였다. 그리고 앱으로 하는 놀이는 숫자 놀이나 방탈출, 조각퍼즐게임, 숨은그림찾기 등을 시작했다. 가능하면 아이들을 온라인 문화에 최대한 늦게 노출시키려 노력했다. TV도 사실 온라인 문화다. 아마 대부분의 가정이 다 노출되어 있을 것이다.

온라인 문화는 이미 우리의 삶을 쓰나미처럼 뒤덮었다.

쓰나미에 덮인 삶이 아닌 서핑을 하는 자가 된다면 온라인 문화를 누리는 서퍼가 될 것이다. 그렇다면 현실적 문제에 부딪힌 부모들은 어떻게 수습할 것인가?

아이를 위한 가정환경은 평안이다. 평안하라. 세상이 줄 수 없는. 여러 가지 방법 중에 가정, 관계가 제일 중요하다. 우리 자녀들이 가정이라는 울타리를 벗어나 온라인 세상으로 날아가

버릴 것만 같다. 그러나 결국 행복한 가정의 울타리를 부부가 영성으로 세운다면 자녀들은 날아갔다가 다시 돌아올 것이다.

나의 과거 1991년을 돌아보면 나는 다시 돌아갈 든든한 가정이 없었다. 영성은 하나님을 아는 것, 부부가 하나님을 바로 아는 것이다. 부부가 함께 하나님을 삶 가운데 체험하는 것이다. 그리고 부부의 사랑을 자녀들에게 보여 주는 것이다. 부부는 조금씩 성장하며 거듭나야 한다. 그리고 가정을 천국으로 만들어 가야 하는 사명을 가졌다. 그렇지 않으면 가정은 지옥이 된다.

세월을 아끼라 때가 악하니라 엡 5:16

이 성경 말씀의 원어는 '엑사고라조메노이, Pay the price and Take the opportunity' 즉, 댓가를 치르고 기회를 잡아라! 우리 인생의 기회는 댓가를 치르지 않으면 안 된다. 거룩한 것에 댓가를 치르라! 그러면 하나님께서 기회를 반드시 주실 것이다. 거룩한 에너지로 전환하라!

적 성향이 자리 잡고 있었기에 얼마 가지 못했다. 결국 3년 동안 대학 학력고사 원서만 쓰고 매년 시험을 포기했다. 그러다 보니 수능 제도로 바뀌었다. 1회 수능도 포기했다. 그 당시 수능은 초창기라 허술한 점이 많았다. 1년에 2번씩 시험의 기회가 있었지만 이런저런 핑계만 있을 뿐이었다.

늘 도전보다 포기가 앞섰던 것은 아마도 좋지 못한 가정환경으로 인해 생겨난 패배주의 성향 때문이었던 것 같다. 무엇보다 안타까운 것은 이 상황을 내 힘으로 벗어날 수가 없다는 것이다. 의지도 약했지만 내 앞을 가로 막아선 거인 골리앗 같은 장벽을 뛰어넘을 수가 없어 그 앞에서 늘 머리를 떨구고 말았다. 견고한 거인 골리앗이 내 앞에 서서 외쳤다.

"넌 아무것도 할 수 없는 찌질이다."

고등학교 때 성적은 늘 뒤에서 놀았다. 아무리 발버둥을 쳐도 짧은 다리로 발만 동동거렸지 어떻게 할 수가 없었다. 나는 성격이 급했고, 착하지만 성실성이나 인내력이 아주 많이 부족했다. 의욕만큼은 남부럽지 않았지만 내 힘으로는 어떻게 해 볼 길조차 없다는 좌절이 거듭되자 의욕마저 꺾였다. 넘쳐났던 의욕과 자신감은 모두 사라지고 그 속에 외로움과 부모에 대한 원망만 남았다.

지금 생각해 보면 청소년 시기에 제일 중요한 것은 의욕과 자신감인 것 같다. 그 의욕과 자신감이 승화되려면 거기에 성실함과 끝까지 해내려는 의지와 인내가 함께 동반되어야 한다. 그리고 일만 시간의 법칙처럼 수많은 반복 끝에 뭔가 하나를 터득하게 된다. 젊은 시절 성실과 인내를 배우지 못하면 결국 별 볼 일 없는 사람이 되고 마는 것 같다. 성공적인 삶을 사는 사람들을 가만히 살펴보면, 그들에게서 성공하는 사람의 필수적인 요소인 성실과 인내를 발견하게 된다. 그런데 나는 그 필수적인 요소를 배우지 못한 채 청소년 시기를 끝내고 성인기로 접어들기 시작했다.

감당하기 힘든 장벽 앞에서 허덕이던 내 학창시절은 결국 무기력만 끌어안은 채 끝났다. 그리고 20대의 내 속에는 패배주의 성향이 이미 자리 잡기 시작해 '해서 뭐하나' 식의 사고로 바뀌었다. 그리고 나는 자포자기의 삶을 살기 시작했다.

나는 반에서 키가 제일 작았다. 키 작기로는 단연 1등이었다. 초등학교 시절부터 고등학교 때까지 한 번도 2등을 해 본 적이 없다. 초등학교 1학년 때는 등에 붙은 가방이 나보다 더 컸다. 그래서 뒤에서 형들이 '가방이 걸어간다'고 놀리기도 했다. 아마도 가방에 가려 머리와 발만 보였었나 보다. 그래서 어릴 때의 내 별명은 땅콩이었다. 키가 작아서 초등학교 때부터 마음에 상처가 이만저만이 아니었다. 청년이 되어서도 막노동을 할 힘도 없었고, 날 보호해 줄 부모도 없고 돈도 없고 학벌도 낮고 아무것도 없었다.

20살이 되자 징병검사를 받았다. 160cm 미만만 되어도 6등급 면제다. 나는 키가 160cm가 되지 않기 위해 부단한 노력을 했다. 물구나무를 서며 키가 자라지 못하게 했다. 징병검사 당일 작전을 짰다. 거북목을 만들고, 허리를 꾸부정하게 하고 허리와 다리의 힘을 풀었다. 그리고 마지막으로 엉덩이를 뒤로 뺐다. 군인은 나에게 자세를 똑바로 하라고 욕을 했다. 그러나 시키는 대로 하는 시늉만 냈다. 결과는 154cm, 난쟁이 수치로 나왔다. 똑바로 펴서 최대한 키를 키우려 해도 160cm가 되지 않건만, 공식 기록이 154cm로 나왔다. 어리석은 행동이었다.

결국 나중에는 내가 스스로 장애인이라고 생각했다. TV 프로그램에서 어떤 미녀가 키가 작은 남자를 보고 '루저'(loser)'라고 외쳤다. 패배주의에 찌들어 있던 시절과 폐인 생활하며 우울증이 왔던 때라면 아마 엄마처럼 자살했을지도 모른다.

교회의 첫 인상

내가 처음 교회를 접하게 된 것은 고2 때 친구를 따라 DS교회 수련회에 참석하면서부터다. 수련회에 가면 예쁜 여자 친구들도 많다는 말에 따라갔다. DS교회에 다니는 동안 친구들을 보면서 가장 부러웠던 것은 그들에게 넘치는 자신감이었다. 이성 앞이든, 어른 앞이든, 선배 앞이든, 그들의 말과 행동에는 자신감과 여유가 있었다. 어떤 이들은 거침없는 유머로 사람들을 웃기기도 했다. 그들의 언행은 자유로워 보였다.

특히 모태신앙인 친구들은 뭔가 달라 보였다. 그들은 안정적이고 부드럽고 여유가 있으며, 대인 관계에서도 앞서 나갔다. 물론 그들 중에도 비교 대상을 자신보다 월등한 친구들로 잡는 바람에 자괴감에 빠져 자신에게 실망하며 힘들어하는 애들도 있었다. 하지만 교회에 처음 나간 내가 보기에는 모두 대단해 보였다. 노래면 노래, 운동이면 운동, 기타면 기타, 드럼, 신디사이저, 피아노…. 어떤 여자애들은 탬버린 흔드는 것조차 아름답고 멋있었다.

그러나 나는 소외감과 열등감 그리고 부끄러움 많은 루저였다. 그들의 자신감의 근원은 어디로부터 나오는 걸까 궁금했다. 어떤 근거에서 나오는지 모를 그들의 자신감이 부러웠다.

그것이 교회를 다니게 된 첫 동기가 되었다.

또 한 가지 빼놓을 수 없는 것은 그들의 부모이다. 얼마나 든든해 보이던지.... 나는 그들의 부모를 안다는 것 자체로 행복했다. 어쩌다 그들의 집에 가게 되어도 기분이 좋았다. 집으로 돌아가기 싫을 정도였다. 그런데 문제는 모태신앙인 그 친구들은 자기 부모의 가치를 잘 모른다는 데 있었다. 내가 보기에 '엄친아, 엄친딸'은 모두 교회에 모여 있는 것 같았다.

단체 사진에서 내 얼굴을 도려내다.

교회 활동 중 제일 힘들고 싫어하는 게 몇 가지 있었는데 설교와 학년별 특송이었다. 설교 시간에는 늘 졸았다. 어느 날은 졸다가 일어나 특송을 한다며 무대 앞으로 나갔다. 주일 학교 선생님이 졸던 나를 데리고 나간 것이다. 가로 두줄로 섰는데 나는 앞줄 중앙에 한 자매와 같이 섰다. 4부(소프라노, 알토, 테너, 베이스)로 나눠진 찬송가 악보대로 나눠 부르는데 나는 연습을 했지만 어디를 보고 불러야 할지도 몰라 시선 처리도 힘들었다. 테너라는 걸 나중에 눈치챘지만, 소프라노에 밀려 따라 부르거나 립싱크를 했다.

그 다음주가 되어 교회에 가보니, 특송을 했던 단체 사진을 한장씩 나눠줬다. 나는 그 사진을 받아 볼펜으로 내 얼굴을 시커멓게 칠해서 알아볼 수 없게 했다. 내 키가 제일 작았고, 내 얼굴을 보는 것 자체가 싫었다. 내면이 어딘지 모르게 뒤틀려 있었던 것이다. 버스를 타고 집으로 돌아가면서 손가락에 침을 묻혀 내 얼굴을 뻥 뚫어버렸다.

하나님께서 다가오셨다.

아버지마저 떠나고 혼자가 된 후, 거리를 방황하고 있을 때였다. 귀에 이어폰을 꽂은 채 음악을 들으며 여기저기를 걸어 다녔다. 어느 날 음악을 들으며 발길이 닿는 대로 가다 보니, 어느덧 친구를 따라갔던 DS교회 앞에 도착해 있었다. 음악을 끄고 교회 문을 열고 들어갔다. 아무도 없었다. 낡고 오래된, 길쭉한 사각형 모양의 예배당이었다. 불은 다 꺼져 있었다. 어두웠다. 문을 열고 들어간 본당 뒤쪽 창가 쪽으로만 가로등 불빛이 겨우 새어 들어올 뿐이었다.

그곳에 앉았다. 그냥 그렇게 마냥 앉아만 있었다. 시간이 얼마나 흘렀는지는 모른다. 알 수 없는 서러움이 북받쳐 올라왔다. 왜 그렇게 서럽고 세상이 무서운지, 억누를 수 없는 무언가가 내 속 깊은 곳에서 솟구쳤다. 돌아가신 아버지의 두 번째 유언이 기억났다.

"해룡아, 세상에 믿을 수 있는 사람은 아무도 없다. 너를 두고 가니 걱정이로구나!"

나에게 마지막 유언을 남기고 눈도 감지 못한 채 숨을 거두신 아버지가 생각났다.

'아버지... 아버지... 아버지...' 그때 나는 처음으로 하나님을 '아버지'라고 고백하는 자가 되었다. 내 육신의 아버지를 한없이 불렀지만, 돌아가신 아버지는 아무 대답이 없었다. 그래서 하나님 아버지를 찾았다. 나는 물었다.

'하나님 이제 제가 어떻게 해야 하나요? 누구를 의지하고 살아야 하나요? 어디로 가야 하나요? 외롭고 무섭습니다. 돌아가신 아버지가 보고 싶습니다.'

그렇게 몇 시간을 앉아 울다가 다시 마음을 잡고 교회 문을 열고 나섰다. 그때 어떤 아주머니 한 분이 교회로 들어오셨다.

아마도 밤에 혼자 기도하러 교회에 오셨던 분인 것 같다. 그분은 새로 부임한 전도사님과 학생들이 어제부터 수련회를 하고 있다며 알려주셨다. 나는 그분이 알려 주신 대로 버스를 타고 무작정 수련회 장소로 갔다.

　친구들은 나를 겨우 몇 번 봤는데도 불구하고 모두들 반갑게 맞아 주었다. 새로 부임한 전도사님도 나를 반겨주시며 인사를 하시곤 나를 위해 기도해 주었다. 전도사님은 아마도 친구들을 통해 우리 집에 일어난 일들에 대해 알고 계신 듯했다. 지금 어디서 살고 있냐고 물어보셨고 솔직하게 독서실에 짐을 풀었다고 말했다. 개인적인 사정을 몇 가지 더 묻고 난 후, 전도사님은 나에게 중요한 질문 한 가지를 했다.

　"해룡아, 하나님을 믿니?"
　"네, 하나님을 믿어요."

　나는 그때 하나님 외에 의지할 데가 없었다. 아마도 나의 이 고백은 성령의 인도하심인 듯하다. 전도사님은 본인의 자취방에서 같이 살자고 하셨다. 나를 도와주기로 작정하신 것이다. 내가 외로움 속에 하나님을 찾았을 때, 그분은 고아 같은 나를 외면하지 않으셨다. 하나님께서는 나의 기도를 들으시고 사람들을 통해 내 눈물의 기도에 응답하셨다.

지금 생각해 보면 그들은 마치 하나님이 나를 위해 보내신 천사였다는 생각이 든다. 하나님은 내가 기도한 지 불과 한 시간 남짓 만에 세상에서 혼자였던 나에게 사람들을 보내주신 것이다. 오늘 내가 이 자리에 있게 된 것은 그때 그들이 내게 베풀어준 사랑 덕분이다.

하나님을 가까이 하라 그리하면 너(희)를 가까이 하시리라 **약 4:8**

어머니가 돌아가신 중학교 1학년 12월부터 내 삶에 불어닥친 매서운 칼바람은 18년이 가까운 세월을 꽁꽁 얼어붙게 했다. 여름이 와도 춥고, 가을이 오는가 하면 벌써 겨울이었고, 봄이 되어도 여전히 추운 겨울뿐이었다. 나는 이 차디찬 겨울을 극복하려고 발버둥쳤다. 직장을 여러 번 옮겨 다녔다. 학원, 오토바이 택배, 학습지 영업활동, 보험회사... 마치 내 부모님이 여러 번 가게를 바꾸듯 바꾸어 보았지만 되는 일이 없었다. 어느 누구 하나 나를 붙들어 주거나 훈계해 주거나 코치를 해 주는 사람이 없었다. 난 그저 잔소리꾼이 없는 무한한 자유를 만끽하며 말 그대로 방종하며 살고 있었다. 그렇게 10년의 세월이 지나가고 있었다.

지혜로 행하여 세월을 아끼라(골 4:5)는 말씀이 기억난다. 내게 삶의 목표(비전)가 있었다면 잘못된 생각으로 시간을 낭비하지 않았을 것이다. 그리고 자신감을 가지고 어려움을 극복해 나가는 원동력이 됐을 것이다. 그때의 후유증이 성인이 된 지금도 삶에 나쁜 영향력을 끼칠 때가 많이 있다.

키 154cm

어디서 까부노 키도 똥자루 만한 게...

아내의 키 147cm, 나 154cm. 병원에서는 우리 자녀들의 미래의 키가 남아 164cm, 여아 150cm을 넘기기 어렵다고 했다. 우리 가족이 교회에서 가족 특송을 하고 사진을 받으면 정말 '고만고만' 하다. 다른 성도들과 함께 서면 우리 가족은 초등부 찬양대가 된 느낌이다.

하나로교회 담임목사로 섬긴 지 3년 쯤 되어 가던 때이다. 초등학생 아이들을 데리고 약국을 간 적이 있다. 60대 중반으로 보이는 한 아주머니가 왜 약을 잘못 줬냐며 배상하라고 약사들에게 호통을 치고 있었다. 나는 자녀들의 손을 잡고 약사들에게 가볍게 인사를 하며 대기석에 앉았다.

그런데 이 아주머니가 막무가내로 고래고래 고함을 치며 약국 데스크 밑을 걷어찼다. 약사들은 어쩔 줄 몰라 나를 힐끔힐끔 쳐다봤다. 한 10여 분 동안 약사들이 알아듣기 좋게 설명했지만 이 아주머니는 손님을 모두 내쫓을 생각으로 행패를 부리기 시작했다. 손님들도 들어오다가 다른 약국으로 옮겼다. 나는 약사들과 안면이 있고 자녀들도 옆에 있어서 기다려 주기로 하며 자초지종을 10여 분간 들었다.

내용인즉, 손님인 아주머니는 약국에서 약을 잘못 제조했다는 것이고 약사는 아주머니께서 약을 잘못 드셨다는 요지였다. 약은 약국에서 제조한 것이 아니라 포장되어 나오는 통으로 된 30일치 약이었고 손님 자신의 착오로 생긴 가능성이 커 보였다. 실랑이로 인해 내 아이들은 기다리기도 힘들어하고, 다른 손님들도 도망가고, 동네 목사 체면에 이런 불의한 일을 보고 참기도 힘들었다. 목사인 내가 뭔가 도움을 줘야겠다는 생각에 벌떡 일어나 조심스럽게 그 아주머니 옆에 섰다. 웃으면서 양팔로 아주머니의 두 어깨를 살며시 잡으며 한마디를 건넸다.

"여사님, 영수증과 날짜를 보니, 뭔가 계산 착오가 있으신 것 같은데 감정을 가라앉히고 집에 가셔서 곰곰이 생각 한번 해보시고 다시 오시면 어떨까요?"

아주머니는 내 양손을 뿌리치며 내 발끝부터 머리끝까지 3번 스캔을 하더니, 고함쳤다.

"키도 똥자루만한 게 어디서 끼어드노, 저리 꺼져라!"

그대로 기절하는 줄 알았다. 목사 타이틀이 없었다면 멱살을 잡을 뻔했다.

담임목사님 계십니까?

개척교회를 섬긴 지 3년이 되어 가던 어느 날이었다. 매일 출근해서 사무실에 앉아 있었지만 새로운 사람이 찾아오는 일은 거의 없다. 그런데 4,50대로 보이는 두 분이 찾아오셨다.

성도: 목사님 계십니까?
나: 어떻게 오셨는지요?
성도: 아, 교회 출석 관련해서 목사님 뵙고 싶어서요.

나: 제가 목사입니다.

성도: 아, 담임 목사님은.......

나: 제가 담임 목사입니다.

성도: 아.......

나를 발끝부터 머리끝까지 위아래 세번 스캔하셨다. 그리고 두 분은 다시 찾아뵙겠다는 말만 남기고 다시 찾아오지 않았다.

거룩한 에너지로 전환하라 두 번째

나의 가문에 흐르는 저주 끊기

다섯 자녀의 아빠로서 이 아이들에게만큼은 내가 가진 저주를 끊어버리고 싶었다. 서자로 태어나 얻게 된 무의식 속의 상처들, 작은 키 콤플렉스, 반복된 좌절로 생긴 패배주의, 30년 동안의 가위눌림이 이를 증명한다.

믿음의 후손 이삭을 키운 아브라함처럼 신앙을 전수하는 것이 목사로서, 오·빠(다섯 자녀의 아빠) 목사로 가장 중요한 것이었다. 이를 위해 전도사부터 목사가 되기까지 수많은 새벽 제단을 쌓으며 교회를 섬기는 데 집중했다. 내가 가진 능력은 이 세상 속에서 살아가기에는 정말 형편없었기에 하나님의 은혜가 아니고서는 모든 것이 불가능했다. 나는 감사한다. 나에게 있어 교회의 울타리는 든든했고 그 교회 안의 영적 가족들은 나의 위로자가 되어주었으며 말씀의 울타리는 부족한 나의 삶을 지탱해 주는 힘이었다.

내가 할 수 있는 신앙생활은 다섯 자녀 모두 유치원 시절부터 초등학교 6학년 때까지 매년 전국 어린이 암송대회를 빠지지 않고 참여시키는 것이었다. 아이들이 힘들어하기래 용돈이나 원하는 상품, 또는 문화상품권을 걸었다. 때론 원하는 휴대폰, 컴퓨터, 게임을 설치하여 할 수 있도록 했다. 단, 하고 싶은 것을 하기 위해서는 하기 싫은 것도 해야 한다는 철칙을 고수하면서 말이다. 2023년 고등학교 3학년이 된 첫째 딸은 6학년 때까지 4년 연속으로 암송대회 대상을 받았다. 현재까지 두 번을 제외하고 다섯 자녀 모두 6년 연속 매년 암송 대회에 참가 중이다.

그리고 아이들이 책임과 성실성을 갖출 수 있도록 오직 수학 하나만은 놓치지 않았다. 문제집을 사서 스캔하고 PDF 파일로 만들어 프린트했다. 무조건 일정량을 반복적으로 풀게 했다. 일단 수학만 하면서 함께 놀고 아이들의 감정 상태를 확인하는 작업을 지속적으로 했다.

단, 초등학교 1학년때까지는 글자 공부나 수학을 시키지 않았다. 놀게 했다. 받아쓰기만 적당히 했다. 덧셈과 뺄셈 놀이만 반복적으로 했다. 휴대폰 앱을 활용하거나 가족끼리 여행을 갈 때 차량 번호판을 보면서 말이다. (영재 교육에 대한 이야기는 차차하겠다)

한 초등학교 선생님께 아들의 수학 실력을 자랑했더니 서울 강남권 엄마표 교육법 아니냐고 걱정부터 하셨다. 운동도, 친구들과 놀이도, 잠도 포기하고 공부만 강요하는 부모가 아니냐는 말이다. 왜냐하면 평범한 아이가 수학을 그 정도 하려면 하루 종일 수학만 해야 하기 때문이다. 사실 이런 말을 들으면 뜨끔거린다. 혹 나는 그런 부모가 아닐까! 아니면 아이가 너무 힘들게 공부하다가 번아웃 되지는 않을까! 그래서 게임을 허락했다.

공부와 게임의 균형을 잡을 수 있는 유일한 힘, 능력은 바로 가정의 십자가를 바라보는 영성이다. 사실 나는 십자가의 능력을 잘 모른다. 목사이지만 잘 모른다. 그러나 내가 만난 십자가는 인생의 모든 문제의 해답의 근원이었다. 내 삶의 소중한 가정이라는 배가 마구마구 흔들릴 때마다 무엇인지 모르지만 보이지 않는 곳에서 가정과 나를 잡아주는 그러한 힘이었다. 나는 이것을 자녀들에게 주고 싶었다. 아브라함, 이삭, 야곱, 요셉의 하나님처럼 나는 할아버지가 되어서도 그런 아비이고 싶을 뿐이다.

그래서 매일 가정 예배를 드리려고 애를 쓰고, 바쁜 아침 등 교하는 아이들을 붙잡아 안수 기도를 했다. 나는 이것을 사명으로 여겼다. 그만큼 우리 가정의 머리는 예수 그리스도임을 선포하며 하나님의 은혜로 사는 삶임을 각인시켰다. 이 의식은 우리 가정이 하나님만을 섬기는 신앙의 기본이었다.

물론 나는 지금까지 성실히 이 일을 고수해 왔다고는 고백하지 못한다. 영적으로 다운되어 해주지 못할 때도 많았다. 그러나 지금도 아이들은 나의 안수 기도를 받는다. 당연하게 여긴다. 그렇기에 나의 부족함에도 내 중심을 아는 하나님께서 자녀들에게도 일깨워 주시고 계신다고 믿는다. 그래서일까? 지금까지 자녀들이 주일을 어기거나 교회 봉사를 멈춘 자녀들이 없다. 그것만으로 감사할 따름이다.

오 · 빠의 교육 철학

우리 가정이 고수하는 아빠의 교육 철학 중 하나가 있다. 자신이 하고 싶은 것을 하려면 하기 싫은 것도 해야 한다는 것이다. 순종을 잘하면 얻는 것이 더 많다는 것을 체험적으로 심어 왔다. 용돈이 필요하다고 하면 수학 문제집 한 권을 다 풀게 했고 10만 원을 적립해 주었다. 아이들은 그렇게 용돈을 벌었다. 암송대회에 참석하면 더 많은 혜택을 누릴 수 있었다. 왜냐하면 말씀의 가치가 더 중요하기 때문이다. 말씀은 지혜이고 수학은 툴(tool)과 같은 지식으로 각인시켰다.

첫째 딸이 초등학교 4학년 때 휴대폰을 사달라고 했다. 수학을 만점 받아오면 사준다고 했다. 지금까지 만점을 받은 적이 없었기에 안 될 거라는 확신이 있었다. 그런데 만점을 받아왔다. 그리곤 한 달 만에 휴대폰을 잃어버렸다. 속으로 잘 되었다 싶었다. 또 사달라고 했다. 이번에도 만점을 받아오면 사준다고 했다. 역시나 또 만점을 받아 왔고 휴대폰을 사줬다. 휴대폰과 첫째 딸의 사춘기 그리고 밑으로 많은 동생, 가난한 목사의 환경, 첫째 딸에 대한 첫사랑과 자녀 교육의 미숙함과 시행착오...결국 첫째 딸아이는 아빠가 원하는 대로 자라 주지 않기 시작했다.

첫째 딸은 여름 방학 내내 휴대폰만 보며 게을러졌고 순종도 하지 않기 시작했다. 딸의 말대꾸에 엄마의 속이 썩어져갔다. 밤 12시가 되도록 휴대폰만 붙들고 있는 딸의 모습에 아내는 화가 많이 났다. 결국엔 딸의 휴대폰을 창문 밖으로 던졌다. 딸이 나를 찾아와 울며 폰을 찾아 달라고 했다. 나는 속으로 '꼬시다(고소하다의 사투리)'고 생각했다. 내일 아침에 찾으러 가자고 달랬는데 다음 날 새벽 비가 왔다.

'하나님, 감사합니다.'

나만 그렇게 생각할 수 있지만 나는 공부를 강요하지 않았다. 특히 첫째 딸에게는 말이다. 공부가 가장 싸다라는 말이 있다. 음악을 전공하면 서서히 망하고 미술을 전공하면 한 번에 망한다는 말도 있다. 공부는 성실성 있는 삶의 결과물을 준다고 믿기에 적당히 강조할 뿐이었다. 돈이 없어서 사교육을 거의 시켜본 적이 없다. 첫째 딸이 중학교 2학년 때 수학 학원을 다니게 해달라고 울기에 15만 원짜리 학원에 6개월을 보냈다. 학원만 믿고 주도적인 학습을 하지 않았고 결국 성적이 오르지 않아 학원을 중단시켰다. 그 일로 인해 나에 대한 원망이 지금도 크다.

첫째 딸은 초등학교 6학년 때까지는 순종하며 중학교 2학년 수학까지 개념 부분을 주도적으로 선행했다. 그러나 휴대폰과 사춘기는 딸아이의 순종과 성실성을 빼앗았다. 아빠가 수학 교육에 무지해서 어떻게 지도해야 하는지도 모르는 데다, 돈이 없어서 방치했다. 휴대폰과 사춘기는 첫째 딸을 수학 포기자로 만들었다. 아니 아빠가 잘 지도하지 못해서 수학 포기자가 되었다고 봐도 무방하다. 공부가 우선은 아니라고 생각한 것이 틀린 것은 아니지만 아쉬움은 남는다. 그렇다고 후회하지는 않는다. 예배 잘 드리고 학교 잘 다니는 것만으로 감사할 따름이다.

키 콤플렉스 완벽 극복기

내 나이 47살에 심리학 석사 과정을 시작했다. 심리학 수업은 가장 기초라고 하는 지크문트 프로이트 '무의식'의 개념으로 시작해서 최근 심리학까지 다루는 학문이었다. 이 수업을 통해 내 속의 어두운 세계를 홀로 탐험하기 시작했다. 현재의 무의식과 꿈 그리고 어린 시절로 돌아갔다. 심연 깊은 곳으로 들어갔다. 나는 어떻게 태어났는가? 질문하기 시작했다. 그리고 엄마의 자궁 속에서 세상 밖의 소리를 들으며 나는 무엇을 느꼈는가? 영화 필름처럼 되돌리기 시작했다.

2년 반이라는 수업은 누군가를 가르치기 위한 것도, 목사로서도 아닌 반백 살을 맞이하는 어른 해룡이가 온전히 어린 해룡이의 아빠가 되어 돌아보는 시간이었다. 성경을 만난 뒤로 심리학은 나에게 새로운 깨달음을 가져다주기 시작했다. 근심, 불안, 조급함, 두려움 등 모든 것을 있는 그대로 인정하기 시작했다.

서자로 태어나 부모 없는 고아로 교회에 처음 찾아 들어갔을 때는 교회로부터 보호받았다. 그러나 말씀을 모르는 철부지였다. 홀로 독립하기 시작하던 청년 시절, 스스로 온전한 하나님 말씀을 통해 거듭나기 전까지는 교회의 울타리가 나를 보호했다. 30살에 십계명의 2계명을 통해 인생의 반전이 일어났다. 그리고 말씀에 사로잡혀 신학을 공부하기 시작했다. 그렇게 전도사가 되었다. 신학을 시작한 후로는 성경 말씀의 능력과 성령의 능력으로 보호를 받았다. 물론 교회의 보호도 함께였다.

그러나 개척교회 담임이 되고, 다섯 아이의 아빠가 되니 모세가 떠난 여호수아가 된 듯했다. 목회 일선에서 싸워야 하는 나로서는 모든 보호는 사라진 듯했고 앞은 캄캄했다. 승승장구하는 시절에는 콧노래를 부를 수 있지만 인생이 늘 그럴 때만 있는 게 아니지 않은가! 다윗처럼 쫓기는 신세가 되어 아둘람 동굴 속에 있었다. 이렇게 좌절 속에 갇히는 원인 중 하나는 바로 콤플렉스였다.

상담 심리학을 공부하던 중 영화 '조커'를 보고 쓰는 리포

트가 있었다. 밤늦은 시각, 아내는 아이들과 잠에 빠져 있어서 홀로 관람했다. 나 홀로 흥분하며 영화관에서 '아하', '아' 혼자 신음하며 점점 몰입되어 갔다. 주위에서 힐끔 쳐다보는 것도 느꼈다. 사실 내가 잘 이러지 않는데 의자에 등을 붙이지도 않고 신음을 계속 냈다. 결국 뒷좌석에서 의자를 툭 쳤다. '아, 죄송합니다.' 그리고 나는 내가 가진 콤플렉스는 망상이라는 것을 깨닫기 시작했다.

나는 하나님의 말씀을 알기에 이 망상이 가져다주는 그 자체의 고통을 깨닫기 시작했다. '너는 얼마나 더 귀하냐 또 너희 중에 누가 염려함으로 그 키를 한 자라도 더할 수 있느냐(눅 2:24-25) 어찌 스스로 해결할 수 없는 망상으로 고민하느냐! 아무도 너의 키 작음에 신경을 쓰는 사람은 없다. 너 장가갔잖아. 그럼 됐지. 연예인 할 거냐? 다른 여자 만날 거냐? 나이 47살에 외모가 이제 무슨 소용 있냐? 물론 신체가 좋은 목사님, 목소리 좋은 목사님, 외모가 좋은 목사님들이 담임으로 잘 가더라. 하지만 그제서야 '나는 왜 못 가나? 키가 작아서?'라는 자책으로 살아온 나날들이 한심스럽기 시작했다. '너 서른 살의 기도를 잊었니? 장가만 보내 달라고, 교회 화장실에 똥 묻은 휴지도 치우는 성도가 되겠다고 다짐했던 걸 잊었니?' 나는 나대로 하나님께 쓰임 받을 그릇이었다.

주체할 수 없는 흥분과 당당한 걸음으로 영화관을 빠져나왔다. 마치 패션쇼 모델처럼 당당히 걷는 나를 느끼기 시작했다. 그 누구도 의식할 필요가 없다. 그리고 스스로를 고통 속에 가둬둘 필요도 없다.

나는 지금까지 몸으로 부딪치며 하나님의 말씀을 체험해 왔다. 이번에도 마찬가지다. 하나님의 말씀은 살아 있었다. 그리고 죽을 때까지 무의식 속에 가둬 둘 콤플렉스를 끄집어내기 시작했다. 나는 또 느꼈다. 삶의 끝자락에서 그 문제가 나를 죽일 것만 같은 그때가 보였다. 그것이 망상이라는 것을, 마치 폭풍우 속에 베드로가 바다 한가운데 빠져 죽어 갈 때 예수님만 바라봤던 그 역사를 떠올렸다. 그리고 나는 나를 다시 처음부터 찾기 시작했다. 내가 작은 키로 고통받기 시작했던 그 시점 말이다. 그리고 내 내면의 깊은 곳을 볼 수 있는 눈이 생기기 시작했다.

마침내 나는 콤플렉스와 맞서 이기려고 하기보다 그냥 그대로 뒀다. 편한 친구처럼 옆에 뒀다. 자랑스럽지는 않지만, 이대로 유니크하고 스페셜한 나인 것이다. 키가 작은 연예인들을 보라. 화면 속에 자신을 있는 그대로 들어내는 그들을. 박나래, 김병만을 보라. 키 작아도 그들은 나 같은 내면을 보이지 않는다. 얼마나 자유로운가. 물론 그들의 속을 다 알 수는 없지만 지금 이 깨달음은 그들이 가진 자신감 넘치는 말과 행동과 자연스러움이 나에게도 온전히 나타나게 했다.

'조커' 영화를 본 후 아래의 일기를 써 내려갔다. 그리고 염려가 사라지고 평안함이 찾아오기 시작했다. 나는 지난날의 일기장을 뒤지기 시작했다.

●

2019년 11월 6일

이제 나를 찾기로 했다. 원래 나. 나를 찾을 때 진정한 행복이 있다. 원래 나는 마음에 드는 존재는 아니다. 본능적이고, 나 중심적이며, 성급하고, 인내가 없는 나. 그러나 나를 찾아 떠나야 한다. 목사 안수받으면서 버렸던 나. 왜 나는 나를 버려야만 했던가? 하나님의 나라를 위해서 버렸다. 목사가 되기 위해. 그러나 나는 나를 버린다고 했지만 잘못된 나를 버렸다. 그래서 다시 찾아야 한다. 그리고 부족한 부분을 메워서 살아야 한다.

일 년이 채 되지 않은 심리학 공부는 나에게 엄청난 것을 가져다주고 있다. 첫째는 우울에서 회복되어 가는 나를 아는, 앎의 시간이었다. 둘째는 나의 열등감을 완전히 이해했고 그것을 이겨낼 수 있는 진리를 깨달았다. 셋째는 나를 찾는 것이 진짜 행복임을 깨달았다. 진짜 내가 되는 것이다. '나'가 되는 것은 하나님을 버리는 것이 아니다. 하나님께서 나를 창조하실 때 처음부터 주신 것을 찾아 알고 부족한 것을 메워가며 하나님 나라를 위해 쓰기 받기 위함이었다.

이 과정을 위해 준비된 것이 있다. 운동(건강회복), 가정(자녀들), 아내와의 친밀도, 그리고 공부. 이제 완성해야 하는 것은 앞으로 5년 동안 준비하자. 하나님 도와주세요. 만 45살에 다시 시작합니다. 앞으로 45년 인생을 위해!

조금만 더 빨리 알았더라면... 누구에게나 있는 콤플렉스. 극복하기 힘들다. 극복해 보니, 마치 잔잔한 호수 같다. 삶의 풍파에 흩날릴 때 콤플렉스는 거침없이 휘날리는 천막 같은 존재였다. 그 천막을 걷고 나니 이제 바람이 불어도 콤플렉스로 인해 내가 휘날리지 않는다. 나보다 더 힘든 사람을 보며 고통받을 필요도 없다. 그들을 애써 위로하려고 할 필요도 없다. 그렇다고 그들을 무시하자는 것이 아니다. 다만 스스로 콤플렉스에 사로잡혀 타인을 바라볼 때도 나와 동일시했음을 알게 되었다.

3장

모든 것이
무너졌을 지라도

하나님을 바라보고 기다리고 기다리자
— 이새의 줄기에서 난 한 싹이 ...

그래서 난 내가 싫었다

주일학교 교사

교회에 다니면서 21살 때부터 주일학교 교사를 했다. 처음에는 초등학교 1학년을 맡았다. 그다음 해에는 5학년을 맡아 열심히 봉사했다. 그리고 22살 때는 대학입시를 준비했다. 이당시는 학력고사가 흔히 '수능'이라 불리는 '대학수학능력시험'으로 바뀌던 시절이었다. 대학입시 시험 방식이 바뀌다 보니 공고를 나온 나에게 걸림돌이 많았다. 게다가 공고를 다니던 3년 동안 인문 사회 과목은 주 2회밖에 수업을 받지 못해 대학이 점점 까마득하게 멀어져 가는 느낌이었다. 그나마 나에게 큰 힘을 주는 곳이 있었는데 바로 교회였다.

천진난만한 어린이들을 돌보며 가르치며 섬기는 일은 나에게 큰 위로와 희망이 되었다. 그렇다고 깊은 신앙이 있었던 것은 아니다. 답답함에 담배를 슬슬 배워갔고, 밤에는 세상 친구들을 만나 맥주를 마셔댔다. 참으로 많은 고뇌와 방황을 했던 시절이었다. 이런 내가 교사를 했다니, 지금 생각하면 참 어처구니가 없는 주일학교 교사였다는 생각이 든다.

그런데도 불구하고 기쁨과 감사로 섬긴 교회 봉사로 말미암아 교회 선생님들과 학부모들로부터 칭찬을 많이 받았다. 지금도 그들은 나를 좋은 교사로 인정하며, 또 목사로 초빙까지 해주고 있으니 부끄럽기 그지없고 감사할 따름이다.

입주 가정교사

공장을 그만둔 나는 22살 때부터 흔히 '투잡'이라고 말하는 겹벌이를 했었는데, 낮에는 오토바이 택배를 하고 저녁에는 국영수 과외 선생을 했다. 그 당시 교회에서 나름 인정받다 보니 학생 수가 많아져 후배와 함께 과외를 했다.

과외를 하면서 가정교사로 추천받았다. 사실 남의 집에 들어간다는 것은 쉬운 일이 아니었다. 서로에게 상처를 남길 수 있는 일이기에 처음에는 거절했다. 그러나 당시 함께 자취하던 친구와의 갈등이 깊어져 어쩔 수 없이 자취방을 나와야 했다. 결국 우여곡절 끝에 한 가정의 가정교사로 들어갔다.

나는 대학생도 아니었지만, 교회 집사님이자 주일학교 우리 반 학생의 학부모였던 그분이 나를 좋게 봐주었고 자신의 집 옥상에 옥탑방을 지어 방 하나를 무료로 내주었다. 그 당시에는 연탄보일러를 많이 쓰던 시절인데, 이 옥탑방에 기름보일러를 놓아주었다. 다시 한번 그분께 정말 감사하다는 말과 함께, 더 잘 섬기지 못해 송구스럽다는 말을 전하고 싶다.

내가 과외를 맡은 교회 집사님의 아들은 중학교 3학년 남학생이었다. 그런데 공부와는 이미 담을 쌓은 상태였고, 인성과 성실성을 가르쳐야 하는데 도대체 말을 듣지 않았다. 그래서 고민하다 내가 추천한 것이 컴퓨터를 배울 수 있도록 해주자는 것이었다. 나는 그의 부모에게 컴퓨터를 구매할 것을 요청했다. 그리고 당시 300만 원 가까이 되는 거금을 들여 S사의 컴퓨터를 구매했다. 그 학생은 1995년에 최신형 486PC를 소유하게 되었다.

문제는 이 컴퓨터를 사서 요긴하게 활용할 수 있는 것이 별로 없다는 것이다. 기껏해야 수십 장의 플로피디스크로 된 게임을 구해서 자신의 컴퓨터에 깔고 작동시키는 정도였다. 그리고 이를 위해 잡다한 프로그램을 써서 구동하는 일 외에는 특별한 컴퓨터 기술이 없던 시절이었다. 조립하는 기술을 터득할 수도 없었다.

열의가 앞서 무모한 투자를 권한 것이다. 나는 나중에야 이 사실을 깨닫게 되었다. 300만 원짜리 고가의 컴퓨터를 가지고 열심히 가르친 것은 워드, 컴퓨터 수리, 안 되는 게임을 플로피디스크에 담아 와서 되도록 만드는 실력 정도가 전부였다. 어느 날 이 녀석이 삼국지(그 당시 인기 게임)를 구해 와서는 재미있다며 내 방에서 주야장천 게임만 하는 것이다. 솔직히 나는 관심이 없었다. 그러나 이 녀석의 말 한마디가 내 염장을 질렀다.

"쌤은 공부만 해서 이런 건 어려워서 못 할 걸요. 교회에서 열심히 기도나 하세요."

교만은 패망의 앞잡이

어린 시절 오락실 최고 기록자였던 나였지만 꾹 참았다. 그리고 일주일이 지났다. 일주일째 판을 못 깨고 있다며 푸념하는 녀석에게 나는 이것도 못 깨냐며 응수했다. 소싯적 오락실 게임기 최고 기록자인데 자존심이 상했다.

결국 첫판을 시작했는데 어찌나 재미가 있던지, 내 속에 깊숙이 내재하여 있던 소위 게임에 대한 그 '촉'이라는 것이 발동한 것이다. 둘째 판, 셋째 판, 그리고 그때까지 해보지 못했던 PC게임의 세계 속에서 나는 정신줄을 놓고 말았다. 어릴 적에 했던 오락실 기기랑은 차원이 다른 것이었다. 문제는 한판으로 끝나지 않는다는 것에 있었다. 1996년 수능을 넉 달 앞둔 여름이었다. 이것이 내 일그러진 인생살이의 시작이었다.

몇 시간 안에 끝내 보겠노라고 시작한 게임을 사흘 밤낮을 자지 않고 했지만, 겨우 3분의 1에 해당하는 진도 밖에 나가지 못했다. 내가 살아오면서 그렇게 재미있는 게임은 처음이었다. 아마도 인생에서 '도파민'을 가장 많이 체험한 시기였던 것 같다. 이때를 지금도 잊지 못한다. 빵과 베지밀 1개로 사흘을 버티며 게임에만 몰입했다. PC 앞에서 사흘 만에 마우스를 쥔 채 졸다가 결국 앉은 채로 실신했다. 게임에 미쳐 있는 동안 나는 계획과 성실성을 잊어가고 있었다. 대학 진학이라는 목표는 이미 내 뇌리에서 까마득히 멀어져 가고 있었다.

그렇게 일주일 내내 게임만 하다 주일날 교회에 갔다. 사흘 동안 밤을 새운 채로 말이다. 일주일 동안에 겨우 30분을 잤다. 스물세 살 젊은 피였기에 버틸 수 있었다. 문제는 예배 시간이었다. 나는 찬양대원이었고 찬양대 순서가 되어 모두 자리에서 일어섰다. 졸지 않기 위해 최대한 집중하려 했지만 눈꺼풀이 너무 무거웠다. 지휘자를 보며 찬양을 시작한 지 1분 정도가 지났을까, 잠시 교회의 불이 꺼지는가 싶더니 땅이 흔들렸다. 땅이 꺼졌다가 올라오기를 반복하는 것이다.

놀라운 영적 체험이었나? 내가 졸았던 것이다. 반 실신이라고 하는 것이 정확할 듯하다. 교회의 불이 꺼진 게 아니라 내 눈꺼풀이 꺼지고, 내 다리가 완전히 풀렸던 것이다. 찬송가를 쥔 채 아래로 쓰려져 내려갔다가 다시 일어나기를 반복하면서 휘청휘청했던 것이다. 깜짝 놀랐다. 만약 쓰러지거나 했다면 예배는 엉망진창이 되었을 것이다. 예배가 끝난 후 교회 형이 나더러 찬양대원들 중에 혼자 율동하는 것을 처음 봤다며 인사를 건넸다. 망신이었다.

정신을 차렸을 때는 이미 늦었다.

게임에 빠져 한 달 하고도 반을 보냈다. 끝을 봤다. 그 순간은 기뻤지만 오래가지 않았다. 오히려 현실을 보기 시작했을 때 더 큰 괴로움이 밀려왔다.

내 형편과는 상관없이 어느새 시간은 흘러 9월 말이었다. 앞으로 수능일이 40여 일밖에 남지 않았다. 괴로웠다. 집중이 되지 않았다. 모의고사 성적이 보통 때보다 20점 이상이나 떨어져 있었다. 어떻게 시작하고 준비해 온 수능인데.... 고등학교 졸업하고 4년 만에 준비하는 것인데.... 하나님의 은혜로 학원비, 생활비, 숙박비, 빨래까지 몽땅 공짜로 해결되어서 편안하고 안락하게 지난 1년을 보내지 않았던가.... 그런데 내가 스스로 망쳐버린 것이다. 결국 수능에 가서도 어려운 출제경향으로 성적은 100점도 넘기지 못했다. 망했다. 이 성적으로는 부산에 있는 4년제 대학은 한 군데도 넣을 곳이 없었다. 절망 그 자체였다.

나는 사실 가고 싶은 대학, 가고 싶은 학과가 있었다. 그곳은 바로 내가 처음 교회수련회 갔을 때 만난 그 여학생, 생년월일이 나와 같은 그녀가 다니는 학교였다. 그녀와 비슷해지고 싶었고 같은 대학에 다니고 싶었다. 그런데 게임에 빠져 스스로 망쳐버린 것이다. 그래서 절망은 더 컸다.

수능 점수를 확인한 날 이후부터 나는 방황하기 시작했다. 밤마다 길거리에서 시간을 보냈다. 내 아버지와 똑같았다. 나 자신이 더욱 싫어졌다. 나는 또 한 번 운명을 탓하며, 나약함 앞에 스스로 무릎을 꿇었다.

난 사랑 받지 못했다

내가 짝사랑했던 생년월일이 같은 그 여학생의 부모님은 나의 부모님과 달랐다. 그녀의 아버지는 장로님, 어머니는 권사님인데 참 신실한 분들이었다. 그리고 교회의 많은 성도로부터 칭찬받는 분들이었다. 그녀의 언니와 남동생도 모두 엄친아들이었다. 대학원생 언니, 서울대생 남동생, 우리집과는 너무나 달랐다. 그래서 나는 그녀를 짝사랑하며 가슴앓이하면서 끙끙대야 했다. 그녀뿐 아니라 어느 누구도 나를 남자로 보거나 나의 외로움을 감싸주는 사람은 없었다. 그래서 나는 더 외로웠다. 당신은 사랑받기 위해 태어난 사람이라고 하지만 개뿔, 난 사랑받지 못했다.

나는 하나님의 사랑도 연인의 사랑도 가족의 사랑도 받지 못한다는 상처로 가슴 아파했다. 오히려 세상의 술친구들이 나를 더 이해해 주는 것 같았다. 그 친구들과 술로 시간을 보냈다. 입학지원서도 쓰지 않았다. 합격할 가능성이 전혀 없는 점수였기 때문이다. 별 볼 일 없는 대학에 가면 뭐하겠나 빚만 쌓일 뿐, 그런 건방진 생각에 자포자기했다. 알량한 자존심은 살아있어 거기에 쏟아붓는 등록금이 아깝다고 생각했다.

이렇게 될 줄 알았더라면 차라리 부산기계공고를 나와 현대

나 삼성, 거제 조선소를 택했을 것이다. 지금은 아무나 들어가지 못하는 직장 중의 하나가 되어 버렸지만, 그때만 해도 기계 공고를 나오면 수월하게 들어갈 수 있는 곳이었다. 그곳들을 마다하고, 나는 당시 사람들이 그저 공장에나 다니는 특별한 것 없는 젊은이들을 통틀어 부르는 별 볼 일 없는 '공돌이'가 되어 버렸다.

나는 갈수록 아버지를 닮아가는 루저에 불과했다. 그런 내가 정말 싫었다. 이때까지만 하더라도 내게는 "우리가 사방으로 우겨 쌈을 당하여도 싸이지 아니하며 답답한 일을 당하여도 낙심하지 아니하며"라는 고린도후서 4장 8절 하나님의 말씀이 귀에 들어오지 않았다.

스스로 가둬 학대한 나

낮은 수능 성적 통지표를 받고 나는 절망하며 방황했다. 너무나 소심하고 너무나 쉽게 포기하는 나 자신이 싫었다. 스스로를 더욱 학대하면서 몇 주를 보냈다. ABCD군으로 나눠진 1차 대학 입시에 결국 원서조차 쓰지도 않았다. 밤이면 혼자서 술을 마셔댔다. 그렇게 몇 주가 지났을까, 혼자 지쳐 허덕이고 있는 가운데 자꾸만 죄송하다는 마음이 생겼다.

첫째는 나에게 기회를 주신 하나님 아버지께 죄송했다. 둘째는 나를 돌봐준 이모 같은 집사님께 미안했다. 셋째는 어려운 환경 속에서도 늘 쾌활하게 살아가는 나를 응원해 주는 교회 친구들과 선후배들에게 부끄러웠다. 그래서 금요일 밤 철야예배를 갔다. 맨 뒷자리에 앉아 회개 기도를 했다. 기도하며 울고 나니 좀 후련했다.

다음 날 토요일이 되었다. 교회 소그룹 모임에서 의대를 다니는 교회 누나를 만났다. 1차 입학원서는 어디에 냈냐는 질문에 난 아무 말도 할 수 없었다. 그러고는 스스로를 위로 하듯 말했다.

"누나, 어젯밤에 금요 철야예배 때 기도하고 깨달은 건데, 아무래도 내가 지은 죄로 말미암아 수능 결과가 비참하게 나온 것 같아. 자업자득인 것 같아. 그냥 공돌이로 살아갈래. 그렇게 생각하니 마음 편해졌고, 하나님의 뜻인 것 같아."

내 말에 대해 선배 누나는 이렇게 조언해 주었다.

"해룡아, 하나님의 뜻은 결과를 보고 아는 거야. 대학에 원

서도 써보지 않고 결정하는 것은 하나님의 뜻이 아닌 너의 뜻
이야. 네 마음대로 결정하고 하나님의 뜻으로 돌리면 안 돼.
원서를 넣고 떨어지면 그것이 하나님의 뜻이지. 넣지도 않고
떨어졌다고 생각하는 것은 네 뜻이야. 떨어진 후 다음 계획을
세워도 늦지 않아. 그리고 하나님은 반드시 새로운 길을 열어
주실 거야."

　　그 선배의 말을 지금도 잊을 수 없다. 나는 처음으로 하나님
의 뜻이 무엇인지 알았고, 사람을 통해 하나님은 자신의 계획
을 알려준다는 것도 이때 몸으로 배운 듯하다. 그래서 나는 1
차 전기 4년제 대학 딱 한 군데 부산에 있는 K 대학 영문과에
넣었다. 이 학과는 전기 20명을 모집하였다. 두세 군데 더 넣
을 수도 있었지만, 딱 한 군데만 쓴 것은 나름의 똥고집이었
다. 첫째는 이 정도 수준이 아니면 아예 가지 않겠다. 둘째는
어차피 떨어질 바에는 아까운 원서비를 날릴 수 없다.

　　절망의 나락으로

　　결과는 떨어졌다. 평균 합격 수능 성적이 124점대였던 것

같다. 2.4:1의 경쟁에서 고작 98점으로 합격한다는 것은 말이 되지 않는다. 추가 합격자 맨 마지막인 5번째에 내 이름이 올라가 있었다. 혹시나 하는 생각에 K 대학으로 전화해서 추가 합격 발표는 언제 나오는지 물어봤다. 현재 합격자 중에 입학 취소자가 있어야 하는데 2주 정도 걸린다고 했다. 2주의 시간을 기도로 보내고 몇 번 전화했다. 앞에 2명 만이 취소했고 나는 대기 순번 3번으로 끝났다. 아쉽고 또 아쉬웠다.

　이때 내 나이가 23살이었다. 내 친구들은 이미 졸업하는 해였다. 나를 더 비참하게 만들었던 것은 중학교 때 나보다 공부를 더 못하던 친구들이 국립 부산대학교를 졸업한다는 것이다. 그로 인해 패배감까지 더 느끼고 있었다. 할 수 없이 다시 2차 후기대학에 원서를 넣었다. 그것도 똑같은 K 대학 영문과 한군데만 넣었다. 후기는 더 높은 점수를 가진 지원자들이 원서를 냈다. 평균 점수도 더 올라갔고 경쟁자도 더 많았다.

　마지막 원서를 넣고는 옥탑방으로 향했다. 내 옥탑방에서는 거북이와 철모라는 내 친구 2명과 집주인 이모가 고스톱을 치면서 깔깔거리고 있었다. 피곤했고 자고 싶었다. 친구 한 명이 돈을 많이 땄는지 같이 고스톱을 한판 치자고 했다. 내 방에서 나가라며 성질을 부렸다. 그랬더니 광이나 팔며 등록금을 벌자고 이모가 나를 부추겼다. 옆에서 같이 고스톱을 치는 친구들은 뭐가 그리 재미있는지 깔깔거렸다. 마치 나를 놀리는 듯했다. 짜증이 난 나는 화투판을 엎으며 나가라고 고함쳤다.

"아따! 그 성질머리, 그러니 네가 맨날 그 모양이지."

맞는 말이라 나는 더 이상 화낼 기운도 없어서 한쪽에 쪼그리고 누웠다. 친구들은 뭐가 그리 재미있는지 계속 배를 잡고 웃어 댔다. 이모가 내 옆에 가까이 다가와 말했다.

"내일 등록금 내러 같이 가자."
"이모, 내일 아침 일찍 후기 면접 보러 가야 하거든. 그만 놀려. 내려가 제발."
"내가 합격시켜 줄게."
"됐거든! 이모가 하나님이냐?"

친구들은 깔깔거리며 박장대소를 했다. 나는 그때야 이게 뭔가하고 눈치를 살피기 시작했다. 1차 전기에서 추가로 합격하였다는 통보가 왔던 것이다. 결국 나는 1차, 2차를 통틀어 40명 중 꼴찌로 합격한 것이다. 내 인생에 처음으로 홍해가 갈라지는 기적을 체험하는 순간이었다.

여호와께서 사무엘에게 이르시되 그의 용모와 키를 보지 말라 내가
이미 그를 버렸노라 내가 보는 것은 사람과 같지 아니하니 사람은
외모를 보거니와 나 여호와는 중심을 보느니라 하시더라 **삼상 16 : 7**

그렇게 하나님은 친히 나의 아버지가 되셔서 해룡이를 위로
하셨다.

짜증 바이러스

2021년 코로나가 전 세계를 휩쓸던 어느 날

주여 나는 외롭고 괴로우니 내게 돌이키사 나에게 은혜를 베푸소서
내 마음의 근심이 많사오니 나를 고난에서 끌어내소서 나의 곤고와
환난을 보시고 내 모든 죄를 사하소서 **시 25:16-17**

패배주의 관념을 이기지 못하고 조급함과 여유를 가지지 못
하는 해룡아! 서른 살로 돌아가 보아라. 20년 전이다. 엊그제
일처럼 생생한 그 시절을 기억하라. 부산 달동네 자취방. 난
그때 수많은 각질과 뽑힌 머리털, 곰팡이로 뒤덮인 지하방에
서 살지 않았던가! 그때는 한없이 외로웠고, 가난했으며, 절망
했던 내가 아니었던가? 불면증으로 새벽 기도에 참석할 때쯤.

겨우 잠이 들어 눌린 가위를 허한 체력으론 이길 수 없어 숨조차 쉬기도 힘들었던 때를. 가난과 외로움과 절망과 나약함으로 홀로 반지하에 살던 때를. 그때를 기억하라.

> 내 영혼아 네가 어찌하여 낙심하며 어찌하여 내 속에서 불안해 하는가 너는 하나님께 소망을 두라 그가 나타나 도우심으로 말미암아 내 하나님을 여전히 찬송하리로다 시 43:5

지금 주위를 둘러보라. 재잘재잘 요리하는 아내와 첫째 둘째 셋째는 공부 중, 넷째와 다섯째가 내 옆에서 시끄럽게 떠드는 소리를 비교해보라. 나는 행복자가 아니면 불만 가득한 어리석은 자이리라. 무엇이 행복인가? 조급해하지 말아라. 아쉬워하지 마라. 답답해하지 말아라. 50년 동안 조급함으로만 살아 온 인생. 이젠 숨을 좀 쉬어라. 주위를 둘러보는 여유로운 행복자의 삶을 누려야 하지 않겠는가!

> 내가 평안히 눕고 자기도 하리니 나를 안전히 살게 하시는 이는 오직 여호와이시니이다 시 4:8

반백에 여전히 어른이 되지 못했다. 그러나 죽을 만큼 힘들어 하나님을 찾을 때 잠시나마 어른이 된다.

코로나19보다 전염성이 더 큰 것_첫 번째

나는 결혼 후 아내와 첫째 딸에게 짜증을 자주내는 아빠였고, 남편이었다. 급한 성질과 조급증, 그리고 분노를 자주 드러냈다. 사역이 힘들다는 이유로 집에 들어오면 내 방에 들어앉아 게임을 자주했다. 아내가 임신했을 때도, 첫아이가 태어나서 아내가 육아를 힘들어할 때도, 나는 내 방 은밀한 곳에서 게임으로 시간을 보냈다. 그리고 자주 짜증을 냈다.

어린 나이에 시집와서 독박 유아로 힘들어하는 아내를 돌보지 않았다. 옛 습관이 어딜 가겠는가! 사람은 잘 안 바뀌는 듯하다. 또한 아내가 사역자인 내 마음을 이해해 주지 않고 박박 긁는 잔소리에 엄청난 스트레스를 받았다. 그리고 지금까지 그 원망이 남아 있다. (무슨 원망? 참 간 큰 목사다.)

아내는 23살에 시집와서 다섯 아이를 낳았다. 아내와 나는 둘 다 부모나 가족의 도움없이 그렇게 다섯을 키우며 전쟁 같은 삶을 20년 가까이 살아왔다. 문제는 아내와의 친밀도는 급격히 낮아지기 시작했고, 개척교회 목사가 되고부터는 그 갈

등이 더 깊어졌다는 것이다. 급기야 결혼 15년차부터는 다툴 때마다 이혼이라는 말로 이어지기 시작했다. 대화가 되지 않고 서로의 흠집만 들춰내는 진흙탕 싸움이 벌어졌다.

아내는 가끔, 아주 가끔 눈이 뒤집히면 막 들이대며 싸운다. 솔직히 내가 예민해서 조급증으로 아내의 마음을 뒤집어 놓는다. 그리고 슬그머니 피한다. 그러나 아내는 쫓아와 싸움을 건다. 문제는 말이 안 통하는 시점이고 가벼운 몸싸움으로도 벌어진다. 그 몸싸움은 세월이 흐르면 흐를수록 커졌다. 결국 어느 날, 내가 제일 아끼는 컴퓨터 본체와 모니터, 휴대폰이 부서지면서 큰 싸움으로 번졌다. 첫째 딸이 신고해서 경찰까지 출동했다.

코로나19보다 더 큰 전염성을 가진 것은 짜증과 분노, 원망이었다. 이 전염병은 온 가족에게 퍼지기 시작했다. 첫째 딸이 심각해지기 시작했고, 둘째와 다른 아이들도 정서 불안을 느끼기 시작했다. 나는 덜컥 겁이 났다. 그리고 어느 날 깨달았다. 내가 짜증내기 시작하면 내 주위 가까운 모든 사람들에게 그 짜증이 옮겨 간다는 것을. 나는 우리 가정의 짜증 바이러스 숙주였다.

거룩한 에너지로 전환하라 세 번째

초등학교 2학년이 수학 공부를 자청하다

어느 부모인들 자식이 천재 혹은 영재이기를 바라지 않겠는가? 내 아버지도 살아생전 나만 보면 너는 천재니까 공부를 조금만 해도 전교 1등을 할 수 있을 거라고 하셨다. 술만 드시면 자식 자랑을 하셨다. 그게 그분의 낙이었다. 지금의 나도 아버지의 DNA를 이어받아서 그런지 똑같다. 그러나 나의 교육 방식이 달라져야 함을 나 자신을 보며 깨달았다. 젊은 날, 수많은 시행착오 속에서 세상이 호락호락하지 않다는 것을 알았고 내 머리만 믿던 나는 결국 의지력이 약하고 쉽게 포기하며 시도조차 꺼리는 자가 되어 있었다. 가장 기본적인 성실성을 배우지 못했다. 끝까지 최선을 다하는 법을 배우지 못했다. 그래서 내 자녀들에게만큼은 그렇게 가르치지 않기로 결심했다. 자녀들에게 0순위는 항상 신앙이 우선이었다.

　그러던 어느 날 둘째가 7살이 되어 갈 때 누나에게 수학을 이기는 모습을 보았다. 우리 가족 7명이 스타렉스를 타고 여행을 갈 때면 아들은 앞자리에 앉는다. 첫째 딸 9살, 둘째 아들 7살 때다. 상품을 걸고 사칙 연산 게임을 하곤 했다. 우리 차 앞에 서 있는 차량 뒷번호를 보고 구구단이나 사칙 연산 게임을 시작했다. 그럴 때마다 둘째 아들은 눈이 초롱초롱해진다. 둘째는 차를 타고 하는 사칙 연산에서 항상 누나를 이기려 했다. 한글도 제대로 못 읽었지만, 천재인 줄 알았다. 그래서 웩슬러 지능 검사를 한 달을 기다려 받았다.

　영재 검사를 상담해 주던 원장은 내 말을 듣고 0.1% 안에 드는 아이인 듯하니 속히 오셔서 검사받으라고 했다. 나는 기대감으로 가득찼다. 2시간 남짓 걸린 검사 결과는 비참했다. 아이는 완전히 지쳐 있었고 지극히 평범한 지능을 가졌단다. 그렇게 환대하던 원장 선생님은 나갈 때 얼굴도 비치지 않았다. 나와 아들은 엘리베이터 안에서 아무 말이 없었다. 그때 지혜가 생겼다.

　나: 수하야, 아빠가 가르쳐준 말 기억나? 어떤 사람이 이길

수 있다고 했지?

수하: 끝까지 하는 사람

나: 옳지! 수하야, 너는 지극히 평범하지만 끝까지 하는 사람
은 반드시 이긴단다.

이 말의 효과는 초등학교 2학년이 되어서 나타나기 시작했
다. 태권도 하러 다니고, 아빠랑 배드민턴 치고, 학교 오케스
트라에서 바이올린을 배우던 아이가 갑자기 집에 와서 인공지
능 로봇 이야기를 묻기 시작했다. 그래서 로봇 휴보를 보여줬
다. 세계 1등. 아이는 감동하였고 나에게 질문하기 시작했다.

수하: 누가 만들었어?

나: 카이스트 대학에서 만들었다는데.

수하: 카이스트 대학은 어떻게 하면 들어갈 수 있어?

나: 대학 수능 치르고 들어가지.

수하: 빨리 갈 수도 있어?

나: 수학만 잘하면 될 걸?

수하: 아빠, 수학 할래!

사실 나는 아무것도 모른다. 이때부터 초등 2학년 2학기 문

제집을 풀기 시작했다. 초등 2-2 수학을 3일 만에 풀었다. 작심 3일? 뭐 어떠냐! 또 한 권의 수학 문제집을 사줬다. 3-1 유형별 수학 문제집을 일주일만에 다 풀었다. 이때부터 둘째 아들의 수학 일지를 써내려 가기 시작했다. 수학 3-2 문제집, 4학년, 5학년, 6학년… 초등학교 2학년 말에 초등 수학을 스스로 문제집만으로 다 끝냈다. 동영상 같은 자료를 볼 필요도 없었다. 문제집을 사서 스캔하여 그림파일로 만들어 프린트해서 줬다. 틀리면 프린트해서 풀고, 또 풀었다.

나는 놀랐다. 천재 아들을 둔 것 같은 희열감에 빠지기 시작했다. 그러나 나는 스스로 자만을 버리려 아들은 그저 평범한 아이라며 마음을 다 잡았다. 그냥 빨리 출발한 것뿐이고 할 수 있는 그것만큼 나가자고. 그러나 중등 수학부터는 고전하기 시작했다. 지난 1년은 그냥 아이가 얼마만큼 잘할 수 있나 지켜만 보자는 생각이었다. 그래서 시간이 나는 대로 초등 수학 경시대회를 알아보기 시작했다.

아이는 문제집 한 권을 끝낼 때마다 얻고자 하는 것이 있었다. 게임을 할 수 있도록 허락해 주는 것과 용돈을 벌어서 (문제집을 푼 만큼 용돈을 상금으로 줬다) 원하는 것을 살 수 있도록 허락해 줬다. 초등학교 6학년이 되어서는 사고 싶은 것을 다 사고 나니 용돈을 바라지 않았다. 아이가 원하는 것은 게임을 하는 시간을 늘려 달라는 것이었다. 게임이라는 말에 아들이 나처럼 될까봐 걱정되기 시작했다. 중독문화는 쓰나미처럼 우리의 삶을 뒤덮을 것이다. 10년 전 애플폰을 보며 느꼈다. 이 염려는 현실이 되었다.

코로나19보다 전염성이 더 큰 것_두 번째

심리학을 공부한 후 내가 힘든 만큼 자녀들이 고통받는 것을 느끼기 시작했다. 첫째 딸은 나를 1년 넘게 피하기 시작했다. 둘째 아들은 수학 공부에 집중하지 못하고 게임에 더 많은 시간을 보내게 되었다. 셋째 딸은 방관형으로 바뀌기 시작했고, 넷째 아들은 정서 불안을 겪기 시작했다. 다섯째 딸은 불안도 행복도 표현하지 않기 시작했다.

'첫째가 탈선하면 어쩌지? 둘째가 영재교를 못 가면 어쩌지? 셋째가 오빠를 따라 수학을 열심히 안 하면 어쩌지? 넷째, 다섯째...'

자녀들의 고통과 미래에 대한 걱정은 나에게 더 큰 고통을 줬다. 아내와 화합하고 친밀도를 더 높여야 한다. 그렇지만 나는 아내의 단점을 너무 잘 알기에 쉽게 용납되지 않았다. 하나님께서 장가만 보내 달라고 했던 서른 살의 내 기도를 기억하라고 하신다. 나는 나의 행복과 자녀들의 행복을 위해 타협 아니 나 자신과 협상해야 한다. 내가 나를 이해하듯 아내를 이해하는 사람이 되어야 한다. 그러나 용납되지 않았다.

몇 달 동안 가정에 냉기가 흐르던 어느 날, 문득 아내가 나에게 시집와 준 것만으로 내가 건강할 수 있다는 것 자체가 감사했다. 아내는 그저 나처럼 부족한 사람이었다. 몇 가지 문제가 있다 한들 다섯 아이를 낳아 준 것으로 감사했다. 오히려 반백을 넘어 내가 의지할 수 있는 사람은 하나님께서 나에게 주신 에젤(절대적 도움)인 아내였다. 저절로 웃음이 나기 시작했다.

아내가 감자탕을 준비했는데 와서 먹으라고 연락이 왔다. 사무실을 나와 집으로 돌아왔을 때 다섯 아이들이 옹기종기 앉아 있었다. 식사 기도를 간단히 하고 한술 뜨려는데 마치 조증 걸린 사람처럼 웃음이 나기 시작했다. 그리고 명랑한 목소리로 자녀들의 이름을 한명씩 부르며 안부를 묻고 농담을 던지기 시작하는데 덩달아 아이들도 같이 웃기 시작했다. 특별한 말이나 사건이 있었던 것은 아니다.

온 가족의 식탁 자리는 웃음기 가득한 식사 시간으로 바뀌었다. 웃음 바이러스가 퍼져가기 시작했다. 그때 큰 깨달음이 왔다. 이 가정의 웃음 바이러스 숙주가 되어야 한다. 역시 나는 죽을 만큼 힘들어 하나님을 찾을 때 나는 잠시나마 어른이 된다.

4장

잘못된 선택과 집중 그리고 원망

나 이스라엘의 하나님이
그들을 버리지 아니할 것이라

나는 잘되고 싶었다

PC방폐인

내가 PC방 폐인이 되기 시작할 때는 27살 때쯤 1999년 7
월, 스타크래프트 '브루드 워'가 나왔을 때다. 이 게임 때문에
우리나라에는 PC방 열풍이 불기 시작했다. 내 친구 중 한 명
이 우리 동네에서 PC방을 오픈했다. 우리 동네 1호점이었다.
그 후 반경 1km 내에 우후죽순으로 PC방이 생겨났다. 그러다
가 망하면 그 옆에 또 다른 PC방이 생겨났다. 새 PC방이 생겨
날 때마다 손님들은 새 PC방으로 몰려들었다. 그러나 돈을 버
는 PC방은 별로 없었다. 그 당시 PC방마다 컴퓨터 보유 대수
가 평균 20여 대였고, 체인점의 개념인 대형화된 PC방이 없었
다. 그래서 관리하기도 힘들었을 뿐 아니라 컴퓨터는 속도가

매우 느렸으며 네트워크도 불안정했다.

아무튼 PC방마다 손님들은 엄청 많았다. 그러나 그것은 밖으로 보이는 외형일 뿐, 고가의 컴퓨터 수명은 고작 1년에 불과했다. 내 친구도 2년 정도 하고는 겨우 본전만 뽑고 물러났다. PC방 이전의 컴퓨터 게임은 혼자서 엔딩을 보는, 말 그대로 끝판 대장을 만나 해피엔딩으로 끝났다. 486컴퓨터 시대의 이러한 게임은 오락실을 가지 않아도 누구나 공짜로 플로피디스크에 복사해서 즐길 수 있는 게임이었다. 그러나 초창기 스타크래프트는 달랐다. 바로 네트워크라는 기능을 가지고 있었다. 다른 사람과 함께 게임을 해나간다는 개념은 게이머들에게 활기를 불어넣었다. 아니 인터넷 세상에서 혁명의 시작이었다.

시대적 흐름에 민감한 데다 속에 내재되어 있는 환경적 요인으로 인해 나는 게임에 급속도로 빠져들었다. 재미있다는 것을 직감함과 동시에 나는 잘하는 그룹의 선두에 섰다. 당시 그것은 나의 자부심이었다. 지금 생각해 보면 참 쓸데없는 것에 목숨을 건 나도 이것이 문제라는 사실을 알고 있었다. 그러나 나에게는 나쁜 유혹을 피할 만한 자제력도 없었고, 주위의 어떤 통제력도 미치지 않는 때였다.

겨우 봐 줄 만한 거라고는 착하다는 거 하나였다. 착한 것인지, 멍청한 것인지 내가 봐도 한심 그 자체였다. 그런 나에게 누가 시집오겠는가? 누가 나 같은 사람에게 인생을 맡기려 하겠는가? 어느 부모가 나에게 딸을 주겠는가? 지금 딸 가진 아빠가 된 나라도 이런 찌질이에게는 딸을 줄 수 없을 것이다.

나는 잘되고 싶었다. 유익한 사람이 되고 싶었다. 하나님을 믿는 사람이라 잘되고 싶었다. 그래서 공부할 때는 죽도록 열심히 했고, 영어권인 남아공에도 1년 동안 선교차 다녀왔다. 러시아 단기선교도 다녀왔다. 선교 활동을 다녀오기 전에는 영문과에서 쌍권총(FF) 차기 일쑤였지만, 선교를 다녀온 이후로는 영어 성적도 좋아졌다. 남들이 2시간짜리 숙제를 준비할 때 나는 30분 만에 완료했다. 그리고 남아프리카 단기선교를 통해 청소년 지도자가 되기로 마음을 먹었고 한 교회의 중고등부 전도사가 되었다. 그리고 대학을 졸업한 후에는 신학대학원에 가기로 마음을 먹었다. 목회자가 되기로 결심한 것이다.

루저의 짝사랑

내가 목회자가 되기로 마음을 먹은 이유는 앞에서도 언급한 바 있는 오로지 짝사랑하는 생년월일이 같은, 운명 같은 그 여학생과 수준을 맞추기 위해서였다. 그러나 그녀는 며칠 밤을 새워 가며 작성한 나의 프러포즈 편지에 한 치의 망설임도 없이 거절했다. 나는 또 한 번 찌질이 루저로서 뼈저린 패배를 맛보았다.

설마설마했는데, 그녀 앞에 당당하게 서기 위해 부단히 노력했는데, 우리 아빠의 꿈도 뿌리치고 그녀를 얻기 위해 목회자의 길을 걷기로 했는데, 그녀는 날 거들떠보지도 않았다. 예상을 못 한 것은 아니었다. 그래서 7년 반 동안 짝사랑을 하며 때를 기다렸다. 내가 목회자가 되면 그녀는 나에게 시집을 오겠지라는 순수하지만 부질없는 생각을 했다. 아니, 어쩌면 기약 없는 7년 반의 짝사랑에 마침표를 찍고 싶었는지도 모른다.

고백 편지는 보기 좋게 거절당했고 내 마음은 정리가 되는 듯했다. 그런데 가슴 한편에 텅 빈 큰 구멍이 생겨버렸다. 그 공간은 너무나 커서 나를 지탱하고 서 있기조차 힘들었다. 마치 거대한 싱크홀 같았다. 나에게 이런 질문을 던졌다. '내가 왜 교회를 그렇게 열심히 다녔지? 그녀가 목표였나?', '내가 그동안 왜 이렇게 열심히 공부하고 일했지? 그녀 때문이었나?', '내가 왜 남아프리카 오지 선교를 다녀오고, 청소년 전문 사역자, 목회자가 되겠다고 서원했지? 그녀 때문이었나?' 아니라고 애써 부인하고 싶었지만 그 마음조차도 생기지 않았다. 교회를 다니며 오로지 짝사랑하는 그녀만을 바라보고 꿈을 꿨다. 하나님 아버지 앞에 면목이 없었다. 나는 일어서야 했다. 어떻게든 신앙의 끈을 붙잡고 싶었다. 다시 시작해야 한다는 마음은 있었지만, 아무것도 하고 싶지 않았다.

완벽한 폐인이 되다

아프리카를 다녀오고 2학년 1학기 중간고사, 아주 완벽하게 시험을 치고 완전히 잠수를 탔다. 휴대폰도 끄고 친구가 운영하는 PC방에서 5개월 동안 하루 종일 게임만 했다. 밤새도록 게임만 했다. 잠이 오면 자고, 눈을 뜨면 게임만 했다.

중독자는 처음부터 중독되는 것은 아니다. 그러나 단 한 번이라도 중독을 경험한 사람은 다시 중독에 빠질 위험이 아주 크다고 생각한다. 만약 재차 중독에 빠지게 되면 그 이전보다 더 강한 중독성을 띤다는 것이 중독의 특징이다. 몰입형 게임 중독을 부추기는 요인 중 하나는 절망이다. 꿈과 소망을 잃은 상태에서는 더 깊은 중독의 나락으로 떨어질 수 있기 때문이다. 나의 경우가 그러했다.

어린 시절 우리 집이 오락실을 운영했지만, 나의 게임 중독이 그 환경적 영향을 받았다고 단정지을 수는 없다. 건강한 영과 육을 지닌 사람은 환경에 지배당하지 않고 환경을 개척해 나갈 수 있기 때문이다. 그러나 꿈이 없는 나의 영과 육은 건강하지 못했다. 2학기 등록은 은행에서 학비 융자를 받아 냈고 최소 학점인 18학점과 패스 학점인 D학점을 목표로 수업 과목을 편성했다. 그리고 남는 시간은 PC방에서 시간을 보냈다. 때로는 수업에도 빠졌다. 교회의 만류에도 불구하고 전도사직도 사임서를 내고는 잠적했다.

게임을 더 열심히 했다. 모든 근심이 사라지는 장소였고 모든 것을 잊을 수 있었다. 그때만큼은 부모가 없는 게 편했다. 외로움도 없었다. 네트워크를 통해 커뮤니티를 형성했다. 내 친구들이었다. 그 속에서는 내가 키 작은 줄도 모른다. 아무도 내가 루저(loser)인 줄도 몰랐다. 그저 스타크래프트를 잘하는 프로 지망생 정도로 알려졌다. 그 속에서만큼은 내가 제일 잘난 위너(winner)였다.

그러나 내가 가장 자신감 있게 활보할 수 있는 네트워크를 통해 쌓여가는 것은 나의 프로필이 아니라 카드빚뿐이었다. 학교 등록금 융자로 인한 은행 빚도 있었지만, 생활비 지출로 인한 빚이 매월 쌓여만 갔다. 퀵서비스, 택배일도 과외도 하지 않았다. 아무것도 하지 않았다. 이렇게 쌓인 빚이 2천만 원 가까이 되었다. 그럼에도 나는 밤을 새워 가며 게임을 했다. 라면으로 끼니를 때웠다. 가끔 함께 게임을 하는 동료가 포장마차에서 사주는 맛있는 비빔밥과 해장국, 시래기국밥은 나의 속을 달래주는 특별 메뉴였다.

나의 위로가 된 오토바이

그 당시 나의 교통수단은 오토바이 크루저 125cc였다. 나에게는 퀵서비스 택배 생활로 배운 오토바이 운전 기술이 있다. 오토바이 시속은 평균 90km이지만 시속 60km만 넘어도 미끄러워 넘어지면 최소 중상 내지는 뇌진탕, 허리 골절 등이 생길 수 있었다. 나는 죽는 것이 두렵지 않았다.

내 인생, 마음의 병 경력 기간을 따져 보면 유아 때부터 한해 몇십 차례씩 겪었던 가위눌림이 시작이었다. 식은땀을 흘리며 꿈속에서 수많은 귀신과 괴물을 보았다. 지금도 잊지 못하는 괴물은 천장을 휘감는 이무기 같은 징그러운 것들이다. 가위눌림은 서른 살까지 나를 괴롭혔다.

20대 중반에 우울증이 점점 심해질 때는 음악에 깊이 빠져 있었다. 이어폰을 끼고 음량을 최고로 둔 채 가수 김광석 씨의 '서른 즈음에' 노래를 들었다. 깊은 새벽, 차가 없는 대로를 오토바이를 타고 달렸다. 가로등만이 나의 친구들이다. 하늘에서 비가 내리기 시작하면 도로는 가장 미끄러운 상황으로 돌변한다. 그러나 나는 이어폰 속 리듬의 절정에 이르면 핸들을 놓아 버리곤 했다.

오토바이 최고 시속 110km 정도 나왔다. 아프리카에서 포드차로 시속 210km를 달려 보았지만, 더 스릴이 넘치는 것은 오토바이였다. 그러다가 미끄러지면 죽는다. 사거리에서 다른 차가 갑자기 튀어나오면 피할 여유가 거의 없을 때도 있다. 오토바이를 최고 속도로 끌어 올리면 나는 영화 속 주인공이 되는 듯했다.

나는 죽어도 울어 줄 사람이 없었고 불구가 되어도 나로 인해 고통받을 사람도 아쉬워할 사람도 없기에 내 목숨을 담보로 마구마구 엑셀레이터를 당겼다. 그렇게 끝나지 않을 것 같은 질풍노도의 끝자락이 서서히 다가오고 있었다. 오토바이를 몰며 소니 카세트 이어폰을 귀에 꽂았다. '또 하루 멀어져 간다. 내뿜은 담배 연기처럼 작기만 한 내 기억 속에 무얼 채워 살고 있는지 점점 더 멀어져 간다.' 김광석의 '서른 즈음에'라는 노래를 들으면서 나도 그처럼 더 이상 살고 싶지 않았다. 생을 마감하고 싶었다.

> 나 여호와가 말하노라 너희를 향한 나의 생각은 내가 아나니 재앙
> 이 아니라 곧 평안이요 너희 장래에 소망을 주려 하는 생각이라
>
> 렘 29:11

내 친구 칠성파 행동대장

PC방에는 친한 친구가 한 명이 있었다. 나이는 서른둘에 키는 165cm, 결혼해서 2살 된 딸이 있었고 칠성파 행동대장이었다. 그리고 이혼의 위기에 처한 남자였다. 그는 자기가 위기의 남자라고 생각하지 않았지만 결국 이혼했다는 소식을 나중에 듣게 되었다.

그는 나를 좋아했고 나도 그가 편했다. 왜냐하면 가식이 없었기 때문이다. 욕도 잘했고 나쁜 말도 거침없이 했지만 단순했다. 그가 나를 좋아해 줬기에 그가 편했다. 그래서 서로 약속하고 PC방에서 만나 리니지, 디아블로, 스타크래프트를 함께 즐겼다. 그와 같이 온천 목욕도 하러 갔다. 목욕탕에서 그의 몸을 보았는데 온몸에 칼자국이 있었다. 한 일곱 군데에

10cm 이상의 칼자국이 있었다. 영화에서나 볼 수 있는 몸이었다. 그가 행동대장에 대해 이야기해 주었다.

보통 싸움 잘하는 사람은 덩치가 크고 무섭게 생겨야 한다고 알고 있지만 실상은 그렇지 않다고 한다. 깍두기 머리에 온몸에 문신을 한 100kg대 거구들은 대부분 병풍처럼 세워두는 모형이라고 했다. 상대에게 겁을 주거나 공포 분위기를 조성하기 위해 덩치가 크고 험상궂게 생겨야 한다고 했다. 진짜 싸움을 잘하는 친구들은 대부분 키가 작고 날렵해서 날이 선 칼, 사시미 일본 칼, 회 뜨는 용도로 쓰이는 예리한 칼을 쥐고 싸운다고 한다. 그래서 최전방에 서서 날렵하게 달려들어 '쓱싹!' 하고 끝낸다고 한다. 자기가 그런 사람이라고 했다. 참 재미난 것은 그런 그가 무섭지 않았다. 혹여 내게 싸울 용기가 있거나, 그와 같은 끼가 조금만 있었더라면 그를 따라 그 세계로 갔을지도 모른다. 그리고 어느 날 남포동 뒷골목, 어디쯤에서 칼 맞고 죽어 있을지도 모를 일이다.

우리는 가끔 함께 범어사로 향했다. 절에 가는 것이 아니라 등산할 작정이었다. 그의 차는 빨간 티뷰론이었다. 그의 차를 타고 함께 금정산으로 향했다. 그는 등산을 좋아했다. 산에 오를 때의 나의 날렵함은 그에 못지않았다. 우리는 웃으며 경쟁하듯 산을 탔다. 그가 나에게 물었다.

친구: 앞으로 뭘 하고 싶냐?

나: 이제 특별히 하고 싶은 것은 없다.

친구: 그럼 뭘 하고 싶었었냐?

나: 목사가 되고 싶었다.

친구: 오~메! 목사, 돈 다 끌어모은다던데... 교회 좋지. 그
　　럼 내가 뒤에서 딱 서서 허벌나게 거둘게.

　내가 PC방 생활을 청산한 이후로 그를 다시는 만날 수 없었
다. 가끔 그 동네 그 PC방을 찾아갈 때가 있다. 배고픈 시절을
기억하기 위해서다. 그러나 그의 소식을 들을 수는 없었다. 어
디서 비명횡사라도 한 것일까? 나는 그에게 그 어떤 기쁜 소
식도 전하지 못했다. 나는 지금 이렇게 행복하게 잘 살고 있는
데 그는 어디서 무얼 하고 있을까? 마음이 무겁고 그립다. 그
의 순수한 미소와 나를 위한 큰 도움을 잊을 수 없기 때문이
다. 그래서 그에게 인생의 참 행복을 가르쳐 주고 싶다. 행복
은 작은 것에서부터 시작되는 것이라고, 따뜻한 가정에서부터
시작되는 것이라고 말해 주고 싶다. 딸은 잘 크고 있냐고 안부
를 묻고 싶다. 그 딸은 지금쯤 18살 정도 되었을 것이다. 착하
고 예쁘게 잘 컸기를 바란다. 그의 소식이 궁금하다.

가련하고 가난한 자가 물을 구하되 물이 없어서 갈증으로 그들의 혀가 마를 때에 나 여호와가 그들에게 응답하겠고 나 이스라엘의 하나님이 그들을 버리지 아니할 것이라 내가 헐벗은 산에 강을 내며 골짜기 가운데에 샘이 나게 하며 광야가 못이 되게 하며 마른 땅이 샘 근원이 되게 할 것이며 내가 광야에는 백향목과 싯딤 나무와 화석류와 들감람나무를 심고 사막에는 잣나무와 소나무와 황양목을 함께 두리니 무리가 보고 여호와의 손이 지으신 바요 이스라엘의 거룩한 이가 이것을 창조하신 바인 줄 알며 함께 헤아리며 깨달으리라 **사 41:17–20**

자녀들에게 상처를
주지 않기를 바랄 뿐이다

부모인 나는 아이들이 나를 닮을까 봐 늘 두렵다. 좋은 것만 닮으면 좋겠지만 마음과 다르게 꼭 안 좋은 것만 닮는다. 그래서 사랑과 관심이 아닌 집착으로 변질된다. 부모의 그 집착을 발로 차버리는 자식들을 볼 때 부모는 또 한 번 상처를 받는다. 나는 무려 다섯 번을 겪어야 한다. 하나님의 은혜가 아니라면 아마 미칠지도 모른다. 그렇기에 나는 하늘에 계신 우리 아버지만을 바라볼 수밖에 없다.

수학을 열심히 하던 둘째가 게임에 빠졌다

첫째 딸은 아주 평범하다. 적당히 공부하고 자기중심적이며, 폰을 좋아하고, 적당히 부모님 말씀을 따르고, 친구들과 댄싱 동아리를 만들어 여자 아이돌을 따라 한다. 첫째 딸이라 아빠에 대한 원망도 많고, 동생들이 많아 상처를 많이 받고 자랐다. 물론 나의 첫사랑이자 애착 1호였지만 결국 나의 집착에 아빠를 싫어하는 딸이 되었다. 이렇게 자라는 딸에 대한 속상함은 너무 크다. 공부 못하는 것은 괜찮다. 나를 싫어하는 그것이 이해되지 않는다. 그래서 하나님께 100% 맡겨 버리고 기도만 할 따름이다. 나의 집착과 애착을 몽땅 기도로 태우고 있다. 어언 4년째다. 첫째 딸과의 단절이 언제쯤 끝날지는 모른다. 다만 이제는 아비로서의 내 집착으로 아이에게 상처를 주지 않길 바랄 뿐이다.

둘째 아들이 지속적으로 중등 올림피아드 수학 경시대회 (KMO)를 준비했다. 그 과정 가운데 중학교 1학년 1학기 말쯤부터 1차 관문에서 마지막 단계라 할 수 있는 모의 고사에 80점대 점수를 받기 시작했다. 이 정도 성적이 나온다면 중등 수학 올림피아드에 있어서 전국 금상감이다. 50등 안에 드는 수학 실력이 된다. 내심 기대하기 시작했다. 그저 카이스트 대학을 목표로 시작한 수학은 이제 KMO 금상 수상을 바라볼 수 있었다. 아빠로서 얼마나 뿌듯하고 감사한가! 아비로서 이 아들을 향한 단 하나의 걱정은 슬럼프였다. 언젠가는 한 번쯤 겪을 수 있는... 혹시나 지쳐서 공부하기 싫다고 할까봐 걱정되었다. 그래서 게임을 하는 것을 허락했다. 능력만큼 쓸 수 있고 능력만큼 놀 수 있다는 나의 교육 철학을 위반할 수 없었다. 이것이 자유 민주주의 법칙이다.

둘째 아들은 나를 무척 좋아했다. 아빠랑 스타 크래프트 게임을 같이 하고, 배틀 그라운드, 리그오브 레전드 등 게임을 하면서도 순종을 했다. 그런데 중1 때 맛본 리그 오브레전드에 빠져 중2 시즌을 게임을 하며 보냈다. 수학 공부는 적당히 하기 시작했다. 학습 태도는 점점 하향길로 접어들기 시작했고, 게임을 하거나 휴대폰으로 보내는 시간이 많아졌다. 속상했다. 그러나 첫째 딸처럼 집착으로 이어질 수는 없었다. 나는 끊임없이 스스로 상담하고 기도했다. 아들과 싸우지 않겠다고, 아들이 첫째 딸처럼 나를 싫어하도록 만들지 않겠다는 것이 목표였다.

그러나 사춘기로 접어든 아들, 또 나름 KMO에서 좋은 성적이 나오는 터라 게임을 못하도록 설득하기 어려웠다. 그냥 내버려 뒀다. 그리고 중2 초쯤 어느 날 영재학교(고등입시)에 대한 정보를 알기 시작했고, 과학은 완전히 늦었다는 것을 깨닫기 시작했다. 자책했다. 아빠는 무지했고, 돈이 없어 뒷바라지할 수 없었다.

나는 과학고가 최고의 고등학교인 줄 알았다. 이미 늦었다는 것을 아이가 중학교 2학년이 되어서야 알게 되었다. 왜냐하면 아이에게 스트레스 주지 않겠다는 교육 철학을 고수했기에, 과학(물리, 화학, 지구과학, 생물)에 대한 선행 교육을 알지 못했다. 영재교 준비 필수 입시 과정을 알지 못했다. 학원 보낼 능력도 없었기에 쉬어가며 배드민턴 운동을 같이하고, 같이 놀고, 같이 수련회를 다니고, 초등학교 6년을 오케스트라 대원으로 중학교에서는 2년째 밴드부 리더로 섬겨가며 태권도, 수영도 스포츠 바우처를 통해 배우게 했다. 나라에게 지원해 주는 제도가 있었지만 가난하고 입시에 무지한 아비 때문에 과학은 늦어버렸다.

교육 관련한 뉴스에 이런 제목을 많이 들었을 것이다. '서울 강남 자녀 교육비 2억 원' 이 뉴스 제목이 100% 맞는 것은 아니지만 영재학교, 서울대, 의대를 보내기 위해서 선행 학습 과정으로 유치원 때부터 영재학원에 월평균 200만 원가량의 사교육비를 지출한다는 뉴스이다. 대부분 부모가 의사, 변호사 또는 돈이 많은 자녀들의 가정이다. 왜 이렇게 하는지 평범한 가정들은 이해 못 한다. 나도 마찬가지였다. 그러나 둘째 아들을 키우면서 그 교육 과정을 알게 되었다. 둘째가 많이 늦었다는 걸 알았을 때 안타까웠다. 부모가 무지해서, 돈이 없어서 영재 자녀로 키울 기회를 놓칠까 걱정이 되었다. 하나님께서 좋은 아들을 하나님이 주셨지만 제대로 키우지 못하는 무능한 아비라는 자책감이 크게 와 닿기 시작했다. 그리고 우울증이 또 도졌다.

더 이상 집에서 혼자 알아서 공부 할 수 없던 아들. 부모로서 영재 자녀를 어떻게 지도해야 할지 모르는 나로서는 등골이 휘어질지언정 대출을 받아 중학교 1학년 때부터 수학 영재 학원에 다니게 했다. 수학만 다녔음에도 월 60만 원. 첫째 딸도 학원을 보내 달라고 하는데 무시하고 이 아들만 보내야 했다. 영재 아들에게 온 첫 기회를 놓칠까 봐 시작된 사교육이었다. 결국 이 아들은 중학교 2학년 때 KMO 1차 은상, 2차 은상을 받으며 영재 반열에 올랐지만, 문제는 이것이 끝이 아니라는 것이다. 과학을 또 해야 하고 영어를 또 해야 한다.

수학만 스스로 주도 학습을 하며 여기까지 와 보니 알게 된 정보들이 너무나 많았다. 결국 내 잘난 아들은 서울대 원하는 학과에 입학해서 전국 영재들과 경쟁하지 않으면 안 된다. 부산에서 서울대 가는 학생들이 몇 없다. 서울 경기권에서 어릴 때부터 사교육을 받은 아이들 70%가 여기 있다.

전국 과학고등학교는 20여 곳이고 명칭이 고등학교이며 한해 약 2,000명이 입학한다. 그러나 영재학교는 과학고등학교라는 명칭이 들어가지만, 엄밀히 말해서 고등학교가 아니며 중학교 2학년 이하일지라도 영재성을 인정받으면 합격이 된다. 해마다 800명을 발탁하는 국가 기관이다. 한 해 국가 지원비가 연간 50억 원이다. 일반 고등학교가 1~2억 원인 것에 비하면 엄청난 차이가 있고 한국을 이끌어갈 과학자를 배출하는 기관이다. 공부도 대학처럼 학점제이며 이 학교에서 이수한 수학, 과학 과목은 대학에서도 인정한다. 이 학교를 졸업하면 꼴찌 해도 카이스트는 간다고 할 정도다. 우리 아들의 입학 목표는 바로 이곳이 되었다. 왜냐하면 부산 센텀 유명 학원에서 수학을 제일 잘했고 영재학교 합격이 가능하다고 조언을 받았기 때문이다. KMO 2차 은상은 전국 순위 50~100위권이다. 중1 때, 아니 늦어도 중2 때 준비만 잘했어도 충분히 여유 있게 합격할 수 있는 학교였다.

이런 아들이 점점 게임에 빠지더니 중1부터 중2 말까지 하루 평균 4시간 이상, 어떤 날은 8시간 동안 게임을 하며 보냈다. 결국 과학 공부를 제대로 준비하지 못했다. 모든 원인은 좀 더 큰 숲을 보지 못한 부모, 청소년 사춘기를 겪으며 게임에 빠지게 될 가능성의 자녀에 대해 무지한 부모에게 있었다. 그렇다고 해서 절망하는 것은 아니다. 약간의 아쉬움이다. 성경에 나오는 왕후 에스더가 "이때를 위함이 아니니이까" 라고 말한 것처럼, 그녀가 하나님 나라를 위해 쓰임 받았던 것처럼 내 자녀가 잘 준비되어 잘 쓰임 받기를 바라는 마음으로 모르드개처럼 잘 준비시키지 못한 나의 한계에 대한 아쉬움이었다. 물론 이제 시작이다.

나는 게임을 많이 한 아들에 대한 원망보다는 '그도 쉬어야 한다.'는 생각이 강했다. 그런데 오랜 인생을 살아본 부모들은 잘 안다. 기회, 특히 어렸을 때 주어진 특별한 기회는 다시 돌아오지 않는다. 하지만 내 아들은 또 힘차게 달려갈 것이다. 나를 그를 믿는다. 그리고 나의 조급함이 아닌 하나님의 때를 기다리며, 자녀를 이해하고 대화하며 하나님의 뜻을 가르쳐주고 전수하는 것이 더 중요하다는 사실을 잘 알고 있다.

셋째 딸의 수학

셋째 딸은 의대를 목표로 한다. 둘째가 누나랑 연산 게임을 통해 수학을 시작했고 셋째도 오빠를 보며 수학을 시작했다. 그리고 이 딸도 초등학교 6학년에 스스로 수학 중등 과정을 끝내고 정석까지 들어갔다.

심리학자 알프레드 아들러의 개인 심리학을 공부하다 보면

'우월성 추구'라는 개념이 나온다. '사람은 특정 대상에 대하여 자신이 더욱더 뛰어난 위치에 있다고 생각하며 만족을 얻으려는 본능적인 의지를 가지고 있다'는 의미이다. 다자녀 가정 환경에서 동생들은 바로 위 형제와 치열한 경쟁을 하며 이기려는 의지, 마음을 가진다는 것이다. 이것은 자연스러운 마음이며 강압에 의해 나타나는 현상이 결코 아니다. 우리 집 자녀들에게도 이와 같은 경향이 나타났는데, 나는 이것을 긍정적으로 받아들이고 자연스럽게 이용했다. 이론을 알고 자녀 교육 과정에 이용한 것은 아니다. 심리학 석사 과정을 공부하면 알게 되었고 나도 모르게 이것을 이용했다는 것을 깨달았다.

그러나 셋째 딸은 둘째 오빠만큼 수학을 잘하지 못했다. 셋째의 타고난 특성이 가진 한계를 부모인 내가 먼저 인지했다. 역시나 1년 동안 거의 빵점이었다. 그래서 내가 할 수 있는 것은 최대한 긍정적으로 도와주는 것이었다. '오빠처럼 KMO에서 큰상을 받아라'가 아니라 하는 데까지 하라고 말했다. 그러나 목표를 정해 주었다. 의사가 되고 싶어 하기에 의대를 목표로 두고 포기하지 않는 마음과 지속적인 주도 학습 능력을 키우는 것이었다.

셋째 딸은 수학을 시작할 때 특별한 꿈과 목표를 가진 것이 아니었다. 그저 오빠를 이기고 싶어 했다. 공부를 왜 해야 하는지 이해시키고 스스로 그 꿈을 가르치는 것은 여전히 모든 부모의 꿈의 숙제다. 그렇기에 내 딸에게 나는 첫째나 둘째처럼 강요도 하지 않았다. 공부해라 공부해라 하지 않는다. 공부를 하려고 하기에 어떻게, 왜 해야 하는지 하루, 일주일 단위로 체크해 줄 뿐이다. 무엇보다 매주일 가정 예배를 통해 하나님의 비전을 그때그때 나누는 방법밖에는 없었다. 나의 성향상 조급함이 없지 않았지만 최대한 그 마음을 누르고 조급하게 교육하지 않으려 노력했다.

그저 딸아이로 태어난 셋째에게 바라는 것은, 지금은 하나님의 비전을 발견하지 못하였을지라도 잠언에서 말하는 현숙한 여인으로 자라주기를 날마다 안수하며 기도하고 기다릴 뿐이다. 어쩌면 자식에게 집착하는 부모라면 가장 중요한 덕목이라 생각한다. 혹자는 부모가 죽거나 그냥 내버려두는 것이 자녀를 성공시킬 수 있는 가장 좋은 방법이라고도 한다. 공감한다.

여전히 손에는 휴대폰이 쥐어져 있고, 수학 공부하면서도 드라마나 음악을 켜두는 딸아이다. 그러나 잔소리보다는 부드러운 아빠의 음성으로 문제점을 조금씩, 때로는 부드럽게 때로는 따끔하게 교훈을 전달할 뿐이다.

지금까지 속썩이는 일 없이, 위로 둘, 아래로 둘이나 있는 형제들 틈바구니에서 잘 자라고 있고, 초등학교 6년 동안 매년 성경 암송대회에 참석하고, 교회에서 찬양으로 섬기는 아이에게 딱히 강조하는 것은 혹 일찍 시집갈 수 있으면 가서 나이 서른 전에 3명 이상 낳으라고 반복적으로 말한다. 대학 들어가서 하나님 믿은 좋은 사람 있으면 사귀고 졸업 전에 결혼해도 된다는 의미가 포함되어 있다.

누가 현숙한 여인을 찾아 얻겠느냐 그의 값은 진주보다 더 하니라
잠 31:10

거룩한 에너지로 전환하라 네 번째

장시간 혼자 게임을 하며 노는 아이들의 위험성

'목사님, 제 아이가 온라인 중독에 빠질까요? 제 아이가 요즘 게임을 너무 많이 합니다. 어쩌면 좋아요?' 이런 질문을 부모들이 많다. 우리 자녀들의 현주소에 있어서 가장 중요한 키워드는 이 아이가 누구와 또는 무엇과 어울려 지내는 것을 좋아하느냐이다. 혼자서 휴대폰이나 게임에 빠져 지내는 환경이라면 부모는 주의해야 한다. 특히, 아이가 태교부터 잘되지 않았다면 더더욱 그렇다. 또한 외동으로 자라고 부부 관계가 좋지 않다면 더욱 그러하다. 그러면 아이는 혼자가 된다. 이 아이에게 유일한 친구는 온라인매체가 되는 것이다. 그러나 가족과 함께라면 온라인매체를 통해 게임이든 무엇을 보든 그것이 그 아이를 지배하지는 못한다.

　나는 PC방 폐인 생활의 경험상 가족의 중요성을 스스로 인지했다. 물론 과거의 그 성향이 쉽게 많이 바뀌지 않는다. 그래서 스스로 안타까워한다. 나는 젊은 청년들에게 권한다. 자녀를 많이 낳으라고. 그러면 청년들은 반문한다. '집도 없고, 돈도 없고, 능력이 없는데 애를 많이 낳아서 어떻게 하라는 겁니까!' 요즘 많은 젊은이들이 아이를 낳지 않는다. 그리고 반백 살이 되어 갈 때쯤 그들은 후회하기 시작한다.

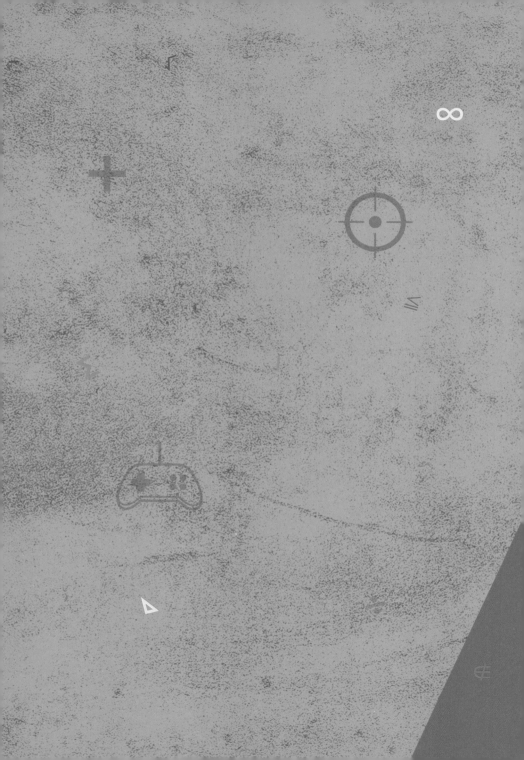

5장

엑사고라조메노이
(에베소서 5:16)

Pay the Price and
Take the opportunity

하나님의 아바타

골룸과의 대면

한창 PC방에 처박혀 생활하던 시절, 어느 순간부터인가 PC방 생활이 지겨워지기 시작했다. 얼마 지나지 않아 또 PC방이 그립거나 게임을 하고 싶기도 했지만, 궁극적으로는 벗어나고 싶었다. 뭔가 재미있고 생산적인, 보람차고 행복한, 어렴풋이나마 다른 사람에게 선한 영향을 주는 그런 일을 하고 싶었다. 그러나 나는 할 수 있는 게 아무것도 없었다.

부모님의 얼굴이 떠올랐다. '난 지금 뭐 하고 있는 거지?' 그럼에도 나로서는 이 PC방을 벗어나서 할 것이 없었기에 눈만 뜨면 습관적으로 향하는 곳이 PC방이었다. 꿈과 목표를 잃어버린 나는 이미 게임의 노예가 되어버렸다. 내가 간절히 찾고 있는 나의 소중한 것들은 어디에 있으며, 나는 이제 무엇을 해야만 하는지 계속 되뇌었다.

어느 추운 겨울날이었다. 보고 싶은 영화가 한 편 있었다. '반지의 제왕: 반지 원정대', 판타지 소설을 원작으로 한 영화였다. 그 당시 최고의 CG! 그리고 환상의 세계로 떠나고 싶은 열망, 잠시나마 게임도 잊고 싶었다.

반지의 제왕 개봉 첫째 날, 심야 영화를 혼자 보러 갔다. 부산대학교 근처에 있는 영화관이었다. 줄거리는 가슴에 와닿는 것이 없었지만 지겨운 일상을 벗어나게 해주는 영화였다. 그리고 새벽 3시경에 집으로 돌아와 차가운 이불 속으로 기어들어 갔다. 그리고 다음 날 오후쯤 눈을 떴다. 집은 온통 엉망이었다. 2평 남짓의 반지하방. 이곳에 산 지도 어언 3년이 되어간다. 방세가 몇 달째 밀렸다. 그런데 내 방이 그렇게 더럽다는 것을 그제야 알게 되었다. 더 놀라운 것은 한쪽 벽면이 시커먼 색이었다. 온통 곰팡이였다. 그리고 그 벽 아래로 쓰레기들이 쌓여 있다. 수많은 머리카락과 내 몸에 떨어진 각질들이 뒤섞여 있었다.

오른쪽 벽에 내 컴퓨터 책상이 있고, 그 밑에는 언제부터 쌓았는지 10여 층이 넘는 컵라면 빌딩이 여러 개 보였다. 한 컵라면 빌딩은 넘어져 언제 굳었는지 알 수 없는 국물이 엉겨 있었다. 라면 국물에 머리카락이 접착제처럼 붙어 쉽게 떨어지지도 않았다. 곰팡이가 핀 벽면 왼쪽 벽에는 큰 반신 거울이 걸리지 않아 바닥에 비스듬히 서 있다.

나는 그 비스듬한 거울 속 누군가와 눈이 마주쳤다. 낯설기도 하고, 익숙하기도 한 얼굴이었다. '누구지? 난가?' 그런데 놀랍게도 내가 알고 있는 이십 대 내 모습이 아니었다. 어젯밤 영화 속에 등장했던 그 '골룸'이 나를 따라와 우리 집 거울 속에 들어앉아 있었다. 그러고는 거울 속에 앉아 나에게 속삭였다. 'My precious!(나의 보물)' 내가 골룸으로 변한 것이다. 어느새 머리털이 다 빠졌고, 쭈글쭈글한 얼굴에 거북목, 등도 굽어 있었다.

나는 가슴이 시리도록 저리면서 눈물이 났다. 거울 속 골룸에게 말을 걸었다. '너, 인생 그렇게 살다 죽을 거니?' 내 눈에서 뜨거운 눈물이 흘러내리기 시작했다. 그리고 속옷이 젖을 때까지 하염없이 울었다. 소리조차 나지 않는 뜨거운 눈물은 마음속을 타고 흘렀다. 아버지가 돌아가시고 갈 곳이 없어 교회에서 울었던 그때 이후로 참 오랜 시간이 걸렸다. 10년이 흘렀다. 한참 울고 난 뒤, 문득 어디선가 들은 적이 있는 문구가 떠올랐다. '너의 에너지를 전환하라.'

바닥에 널브러진 머리카락을 보며 생각했다. 나는 여태 썩을 것을 위해 컴퓨터 앞에 앉아 있었던 것이다. 그때 마음에서 '이기기를 다투는 자마다 모든 일에 절제하나니 그들은 썩을 승리자의 관을 얻고자 하되 우리는 썩지 아니할 것을 얻고자 하노라(고전 9:25)'라는 말씀이 들려왔다.

Word Cup(워드컵)

골룸 사건 몇 달 전에 고신대학교 차 교수님과 함께 중앙대학교 CALL(Computer accessing Language Learning) 논문발표회에서 내가 생각해 낸 작품을 발표한 적이 있다. CALL이라는 학문은 대학원에서 진행하고 있는 연구 프로젝트 중 하나인데, 컴퓨터를 통한 영어 학습 연구 프로그램이었다. 이것을 학자들이 정기적으로 발표하곤 했다. 그런데 나의 아이디어가 차 교수님을 통해 발표되었다. 제목은 'Word Cup(워드컵)'이었다.

이 프로그램은 내가 개발한 소프트웨어 아이디어로 영어 단어 암기 학습 프로그램이다. 2002년 월드컵이 시작되는 시점에 월드컵을 생각하며 만든 4:4 게임용 워드컵으로 네트워크 단어 게임 프로그램이었다. 나는 'Word Cup'을 구현하고자 플래시를 독학하기 시작했다. 그러나 내 머리로는 한계가 있었고 주어진 환경은 너무 열악했다. 결국 구현할 능력이 없어 PPT로 만들어 발표했다. 이것이 내 인생을 바꿔 줄 것이라 생각했다.

경제력을 가진 사업자가 나타날 줄 알았다. 이 프로그램이 실제로 만들어진다면 '아마도 나는 돈방석 위에 올라앉을 것이다.'라고 생각했다. 그런 꿈을 안고 준비하고 발표했다. 박수는 많이 받았다. 그러나 그뿐이었다. 그리고 10년 후에 우리나라에서는 컴퓨터를 통한 영어 학습법이 활기를 띠게 된다. 내가 프로그램을 개발할 당시는 2001년 8월이었다. 나는 그때도 그렇게 허황한 꿈을 꾸고 있었다. 그러나 어느 기업가도 나타나지 않았다. 실망감은 시간이 흐를수록 커졌다.

수많은 교회도 별 관심이 없었다. 결국 내가 제작하던 디렉터 이야기 성경이 플래시 성경으로 업그레이드된 것에 만족해야만 했다. 그 당시 내 손을 통해 성경 플래시가 제작되어 각 교회로 나갔다. 그 와중에도 내게 위로의 메시지가 들려왔다. '너의 에너지를 전환하라.', '나보고 어떻게 하라는 말이지?' 나는 'Word Cup' PPT로 만든 기획 프로그램을 가지고 컴퓨터 전문인 선교회로 찾아갔다. 그곳에 계신 목사님과 친분이 있었기 때문이다. 그리고 이 프로젝트를 김 목사님에게 제안했다.

돌아온 답변은 이 프로그램의 결과보다 열정을 가진 내가 필요하다는 것이고 전문인 선교회에서 이 프로그램을 구현해 보는 것이 어떻겠냐는 의견이었다.

연구 장소와 식사를 제공하겠다고 했다. 그리고 프로그램 전문 간사를 붙여주었다. K 간사님이었다. 그곳에서 자원봉사를 시작했다. 우리는 매일 밤늦게까지 함께 기획하며 프로그램을 만들기 시작했다. 물론 나는 겨우 옆에서 프로그램을 배우는 정도였지만 창의적인 아이디어는 내 머리에서 나왔다. 그러나 처음 기획과 같이 구현하기에는 자본력과 기술력의 한계를 느껴야 했다. 중소기업을 통해 상품화할 능력도 되지 않았다. 아니 그런 생각조차 하지 못했다.

결국 몇 달이 흘렀다. 김 목사님으로부터 차라리 성경 타자 통독을 만들어 보는 게 어떻겠냐는 제안을 들었다. 'Word Cup'은 만들 수 없지만, 현 단계에서 '성경 타자 통독'은 만들 수 있겠다는 결론이 났다. 김 목사님의 제안으로 K 간사님과 나는 이 사업을 진행했다. 면류관 제도, 등급, 그리고 아이템, 실시간 경쟁과 보상 등 'Word Cup' 아이디어의 10분의 1에도 못 미치는 프로그램이지만 성경 타자 통독은 대박을 쳤다. 많은 교인이 성경 타자 통독을 알고 사용하고 있다. 그뿐만 아니라 다른 기독교 사이트에서도 비슷하게 구현된 것을 보았다.

나는 그곳에 없어서는 안 될 중요한 사람이 되어 가고 있었다.

섬김으로 얻은 것들

선교회 가족들로부터 위로와 사랑을 받았다. 나는 다시 한 번 존재감을 느꼈다. 주일학교 교사 이후로 다시 느껴보는 보람과 행복이었다. 건강이 다시 좋아지기도 했지만 무엇보다 꿈을 다시 찾고 싶었다. 그리고 더 이상 머뭇거리지 말아야겠다는 깨달음이 있었다. 서른 살이 다 되어 갔다. 수입이 따로 없었다. 대학 졸업도 해야 했지만 3학년도 못 마친 상황이었다. 그리고 결혼도 해서 가정도 이루어야 했다.

갈 길이 멀었다. 그 당시만 해도 서른 살 넘어가면 노총각 소리를 들었다. 내 마음은 더 조급해졌다. 빚은 계속 늘어 여전히 몇천만 원, 매월 생활을 유지할 수 없었을 뿐 아니라 등록금도 마련할 수 없었다. 모든 게 빚이었다. 빨리 대학을 졸업해야만 했고, 다음 진로를 선택해야만 했다. 그래서 잠시 내려놓았던 꿈에 대한 기도의 끈을 붙잡게 되었다.

얼마 지나지 않아 응답이 왔다. 그것은 바로 내가 아프리카에서 석양을 바라보며 서원했던 사역의 길이었다. '하나님, 제가 영성도 없고, 배우지도 못했고, 가진 것도 없고, 그렇다고 영적 스승, 영적 부모도 아직 못 만났지만, 허락만 하신다면 목회자의 길을 가고 싶습니다. 청소년 사역부터 감당하겠습니다.' 아프리카에서 석양을 보며 기도드렸던 그 서원을 다시 붙잡았다.

아프리카 레소토 선교지에서 하나님께 드린 기도가 다시 기억났다. 이전에는 목사가 되는 것이 짝사랑하는 여인을 얻기 위한 꿈이었다면 더 이상은 아니었다. 아프리카에서 선교활동을 하며 보고 느꼈던 것이 많았다. 한 영혼을 살리기 위한 수많은 시간과 땀 그리고 헌신들, 그곳에서 체험한 것들이 기억나기 시작했다. 그전에는 먹고 살고 내가 사랑하는 사람을 만나 행복하게 사는 것이 꿈이었다면 이제는 나를 위한 삶이 아닌 다른 영혼을 위한 삶에 대한 가치를 재인식하는 순간이었다. 특별히 나를 향한 하나님의 계획을 깨닫기 시작했다.

선교회에서 한 1년을 봉사하며 섬기는 가운데 나는 점점 영적으로 회복되어 갔다. 그리고 나의 견고한 진과 나를 얽어매던 쓴 뿌리들이 점점 사라지는 것을 보았다. 그중에 한 가지는 내가 가지고 있는 것이 얼마나 많은지를 깨닫기 시작했다. 어느 날 선교회의 한 사모님께서 나를 찬찬히 관찰하시고는 이런 말씀을 하셨다.

"해룡 간사님은 참 은사가 많은 것 같아요. 영문학과 전공도 하고, 찬양도 잘하고, 컴퓨터도 잘 다루고, 성격도 좋고, 앞으로 목사가 되면 쓰임을 많이 받겠어요."

사모님의 말이 하나님의 위로로 들렸다. 내가 가지고 있는 재능이나 은사도 있다는 것을 깨닫게 되었다. 나는 지금까지 키도 작고, 돈도 없고, 학벌도 낮고, 부모도 없는 루저, 찌질이라고 생각했지만 마음이 바뀌기 시작했다. 영어도 좀 하고, 찬양도 좀 하고, 컴퓨터도 좀 하고, 무엇보다 하나님의 말씀을 선포하는 목사가 된다는 사실에 자존감이 높아져 감사가 흘러나왔다. 그리고 "이는 하나님께서 외모로 사람을 취하지 아니하심이라(롬 2:11)"라는 말씀에 용기를 얻어 사역의 길로 가기로 다시 다짐하고 선교회를 나오게 되었다.

획득한 특성(은사)

나의 에너지를 전환함으로써 이룬 성과들이 있었다. 컴퓨터 하드웨어 수리, 플래시 프로그램(전문성 있는 프로그래머), '게이머.kr, 참착한교회.kr' 등 다수의 교회 홈페이지 제작, 성경 타자 통독 개발 참여, 영문학과 전공 등 많은 나만의 특성화된 능력을 갖추게 되었다. 나의 이런 재능 때문에 비록 키는 작아도 하나님의 일을 하는 데 있어 유용한 일꾼이 될 수 있었다.

오늘날은 교회마다 시대에 맞는 전문가를 필요로 한다. 그런 면에서 젊은 날 열정을 다했던 나의 노력과 준비는 결실을 보았다고 할 수 있다. 사람은 얼마나 버느냐가 중요한 것이 아니다. 그리고 얼마나 중요한 위치에 있느냐 하는 것도 그리 중요한 것은 아니다. 중요한 것은 그 공동체에서 '나는 어떤 존재인가'이다. 나는 많은 은사를 받았다. 무엇보다 나는 이 섬김 이후로 나 자신에 대한 가치와 삶의 가치를 발견하게 된 것이 가장 큰 은혜라고 생각한다. 한 마디로 전직하여 새로운 특성을 배운 하나님의 아바타가 된 것이다. '그런즉 누구든지 그리스도 안에 있으면 새로운 피조물이라 이전 것은 지나갔으니 보라 새것이 되었도다(고후 5:17)'라는 성경 구절에 '피조물' 대신 '아바타'라는 단어로 바꾸어 보았다. 나는 하나님의 아바타이고 싶다.

아빠랑 같이 놀까?

부산시 영재원 탈락과 곤욕

어느 부모인들 자식을 잘 키우고 싶은 마음이 없을 수 있을까? 또한 그 기대치는 놀라울 정도로 크다. 사랑하고 애착이 큰 만큼 배려가 아닌 우려로 점점 바뀌게 된다. 부모들은 재정적 힘만 있다면 집을 구해 이사를 가도 학세권으로 간다. 영재 유치원부터 시작해서 어마어마한 사교육을 들여 서울대로 향하려 한다. 놀라운 것은 부모의 학벌과 재정적 능력이 좋은 만큼 자녀들을 그렇게 키우려 애쓰고, 또한 결과도 부모들이 원하는 대로 나타나는 경우가 많다는 것을 서울 학원가를 조사하면 다 나온다.

아무것도 없는 가난한 개척 교회 목사가 둘째 아들을 어떻게 해야 할지 본격적으로 고민한 것은 이 녀석이 초등학교 6학년 직전이었을 무렵이다. 이 정도 교육 방향을 알기 전에는 그저 국가에서 운영하는 영재원이라도 보낼까 생각했다. 이유는 수학적 재능을 발견했기 때문이다. 그리고 초등학교 4학년 때 학교를 통해 지원서를 힘겹게 내었더니, 처음에는 지원자가 아무도 없었다. 그런데 어찌 소문이 났는지 여러 학부모가 지원했고, 결국 뽑기에서 탈락했다.

영재지원까지 떨어져 낙심해 있는 수하에게

●

수하야, 너는 아빠의 인생에 있어서 가장 귀한 아들이란다. 하나님이 주신 최고의 선물이지. 난 네가 이번 시험에 떨어진 것과 영재원에 불합격한 것이 그렇게 아쉽지 않단다. 왜냐하면 네 속에 숨은 열정과 인내 승부욕을 알기 때문이란다. 무엇보다 네가 가장 자랑스러운 것은 너는 아빠의 아들이기 때문이란다. 실망하지마라. 포기하지마라. 그리고 작은 것에 너무 애태우지도 말고, 너무 큰 욕심을 두지 마라. 오직 하나님을 위해 너의 인생이 쓰임받기를 원해라. 이것이 비전이란다. 꿈보다 더 큰 일이란다. 처음 수학을 시작했을 때의 마음을 잊지 마라. 그리고 지금 풀고 있는 중학교 수학과 경시대회 문제가 어렵다는 거 너무나 잘 안단다. 아빠도 잘 못푸니까… 그러니까 넌 대단한 거지. 그러니 처음 수학 시작 했을 때의 마음이 다시 한 번 살아나도록 끝까지 해보자. 그리고 그 마음을 계속해서 유지하는 법을 터득해 보자.

— 사랑하는 아빠가

이랬던 초딩 둘째 아들이 어느덧 중학생이 되어 KMO(한국 수학 올림피아드)를 준비하고 있다. 도저히 그냥 내버려둘 수 없어서 사설 학원을 알아봤다. 5학년이 되기 전에 정석 상(上)에 입문했지만 8개월째 반복이다. 결국 8단원에서 한계를 느꼈다. 그리고 KMO를 준비해 볼 것을 지인 목사님의 아들(서울대생)을 통해 알게 되었다.

유명 학원을 여러 수소문 끝에 방문했다. 학원 문 앞에는 KMO 수상자들의 상장이 걸려 있었다. 학원비는 4주 수업에 60만 원이 넘었다. 책값만 10만 원이었다. 일주일에 두 번 가고 5시간을 수학만 하고 온다.

밤 11시, 학원을 마치고 오는 아들을 마중하러 정류장으로 나갔다. 도착한 버스에서 한참 후에야 아들이 내렸다. 아들이

적응을 잘할지, 안 한다고 하거나 힘들다고 하면 어쩌나 걱정이 되었다. 어땠냐는 나의 질문에 아들은 시간 가는 줄 모르게 재미있었다고 한다. 등골 휘어지는 소리가 들렸다.

학원에서 본 상장의 학생 이름과 학교 이름을 기억하고는 수학 학원 인근에 있는 중학교를 방문했다. 중학교 교문에는 공사 중인지 관리실에도 사람이 없어 그냥 들어갔다. 운동장에 놀고 있는 학생에게 그 상장의 적힌 이름 물었더니 모르는 학생들이 없었다. 때마침 점심시간이었고 무작정 그 학생반으로 들어갔다. 이때까지만 해도 이런 나의 행동이 얼마나 심각한 일이고, 앞으로 발생할 문제가 있을 거라곤 생각도 못 했다. 맹모삼천지교의 정신으로 아들 하나를 잘 키워 보기 위해 샘플(수학 영재 학생) 만나 봐야 했다.

그 영재 학생을 만나서 음료수를 하나 주며 KMO 금상 수상에 대해 인사를 나누고 도서관에서 잠시만 상담(?)을 요청했다. 그런데 갑자기 도서관으로 담임 선생님이 찾아와 외부인이 들어오면 안 된다고 무조건 따라오라고 하기에 행정실로 쫓겨나듯이 나왔다. 도서관 사서 선생님이 영재 학생의 부모에게도 전화해서 학교로 찾아오고 있다고 했다. 생각지 못한 상황이 펼쳐졌다.

행정실에 앉아 있던 나이 좀 드신 선생님이 나에게 손가락으로 지시하며 외부인 출입금지니 다짜고짜 나가라고 했다. 조금 황당한 선생님의 행동에 적어도 어디서 왔는지, 왜 왔는지 정도는 물어볼 수 있지 않냐, 무안하게 무조건 나가라고 하면 예의가 아니지 않냐고 말했다. 격양된 감정을 누르고 정중히 말했지만 행정실에서는 쫓겨나듯 나와야 했다. 운동장으로 나가니 그 영재 학생의 아버지가 오셨다. 그 아버지의 초대로 학생의 가정을 방문했고 함께 식사하며 모든 것이 일단락되는 듯했다.

  그날 밤 학원 원장이 잔뜩 화가 난 채로 나에게 전화를 했다. 내 행동이 학원의 격을 떨어뜨렸다며 우리의 아이를 가르칠 수 없다는 것이다. 학교 교감이 학원 원장을 만나 어떤 말을 한 모양이다. 우리 아이를 그 학원에 보내지 않겠다며 대화는 끝이 났다.

생산적 에너지를 위한 수학 에너지 활성화하기

  나는 게임 중독자였고 PC방 폐인의 삶을 살았다. 마누라는 없어도 컴퓨터 없이는 못 살 것 같다고 중3 아들에게 고백했다. 아들이 웃는다. 이런 아빠의 DNA를 가졌을 아들들. 물론 엄마의 성향을 더 많이 닮았을 수도 있다. 또한 신앙이라는 보이지 않는 엄청난 힘이 우리 아이들을 도울 것이다. 그러나 아빠로서 걱정하지 않을 수 없다. 또한 배운 목사로서 인간의 연약함을 생각할 때 더욱 이들을 위해 기도하지 않을 수 없다.

나는 게임을 하는 모습을 숨기기보다는 함께 했고, 공부도 운동도 함께 했다. 아이는 아빠가 하는 모든 것을 재밌어 했고 아빠 곁에 있고 싶어 했다. 나는 목사이자 아빠로서 '저리 가'라는 단어보다 '같이 놀까?'라는 단어로 아이들과 함께 했다.

게임에 몰입하는 아들의 뒷모습을 보면 걱정되었다. 그리고 함께 놀 때마다 숙제하기, 엄마와 함께 시장 가는 것을 미션으로 에너지를 조금씩 전환시켰다. 그렇다. 조금씩 습관을 길들여 가르쳤다. 또한 야당이라는 차원에서 엄마의 눈치를 봐야 게임도 할 수 있다는 것을 일깨워 줬다.

문제는 이 아이들이 시련과 고통 좌절을 겪을 때 그들의 도피처가 어디가 될 것인지에 있었다. 그 도피처가 온라인이나 또 다른 중독이 아니기를 바라는 간절한 기도가 저절로 나왔다. 게임을 하는 6살짜리 아들의 뒷모습을 보며 나는 불안과 걱정 염려, 아이의 장래를 위한 고민이 저절로 터져 나왔다.

초등학교 입학 전까지는 열심히 숫자 놀이 정도만 하고 공부라는 개념을 주입하지 않으려 최선을 다했다. 그저 놀이와 뛰어노는 것과 하나님께 예배드리는 것을 강조해 왔다. 학교에 다니면서 하고 싶은 게 죄가 아닌 이상 마음껏 하되, 하기 싫어 하는 수학은 매일 꾸준히 하게 했다. 특히 아이가 가장 열광하는 놀이나 게임을 하고 싶어할 때마다 아이의 수준보다 10~20% 정도의 난이도를 높여 과제를 주고 그 성과를 달성할 때마다 할 수 있게 해 주었다. 아이들이 원하는 것은 탐욕과 쾌락과는 거리가 멀다. 그러나 인간의 죄성을 생각할 때 결국 아이들의 욕구도 성장하면서 달라지고, 부모의 그늘을 벗어났을 때 죄의 방향으로 향할 수밖에 없다. 인간은 죄인이기 때문이다. 그래서 부모가 미리 막는 것보다는 열어두고 스스로 풍요로움 속에 절제를 배워가야 함을 인식시키는 것이 가장 좋은 방향이라고 생각했다.

능력을 갖춰야 한다는 말은 아비로서 자녀에게 할 수 있는 가장 효과적인 말이라고 생각한다. 아이들이 어릴 때 부모는 아이의 장래를 위한답시고 거짓말과 숨김과 방어로 맞선다. 물론 순간의 위기(부모의 연약함)를 넘기기 위해 필요할지도 모른다. 그러나 아이들이 자라면 다 안다. 보지 않아도 느끼고 다 생각한다. '과연 성경적인가!' 라고 나에게 반문한다면, 물론 틀릴 수도 있다고 말하고 싶다. 그러나 아빠의 부족한 철학은 기도하는 이상 성령께서 도우시리라 믿는다. 모든 방향은 하나님의 영광을 위한 것이다. 늘 그렇듯 능력을 갖춰가는 자녀에게 하나님의 영광을 위해 살 것을 유언처럼 이야기하고 있기도 하다.

결국 부모가 하나님 앞에 정직하지 않고 자녀들에게 방어적으로 숨기는 기술만 발휘한다면, '우리 엄마 아빠는 맨날 저래.'라며 부모가 믿는 하나님을 믿지 않을 것이다. 특히, 사춘기와 청(소)년 시절로 들어가면 돌이킬 수 없다. 차라리 솔직해지면 하나님 말씀의 권위에 맡길 수 있음을 느꼈다.

그리고 함께 놀면서 여러 가지 삶의 지혜를 나눌 기회가 많았고 아이는 스펀지처럼 아빠의 말을 빨아당겼다.

① 능력 있으면 네가 원하는 것을 할 수 있단다.

② 먼저 시작하면 유리하단다. 특히 스스로, 주도적으로 말이다.

③ 포기하지 않고 끝까지 하면 이길 확률이 높단다. 아빠는 10번 하면 9번은 이길 것 같아.

④ 놀고 싶니? 그러면 하기 싫은 것도 해야 한단다. 그래야 계속 내가 원하는 것을 이뤄갈 수 있는 시간과 돈이 있거든.

⑤ 아들아 너는 천재도, 영재도 아닌 지극히 평범한 아이란다. 그러니 최선을 다해 성실히 사는 법을 먼저 배워야

한다. (아이들은 자기가 영재나 천재라고 착각하는 순간 게을 러진다고 생각하기에 늘 조심스럽다. 특히 나의 아빠가 나에게 그렇게 말했다. '해룡아 너는 똑똑하니까 공부 조금만 하면 잘할 수 있단다.' 이 말이 틀린 말은 아니었지만 결국 난 끈기, 인내심을 배우지 못했다)

⑥ 하던 게임을 계속하려면 엄마 눈치를 봐야 한단다. (옛날에는 엄마의 권위가 약했다)

⑦ 게임보다 더 재미난 것이 세상에 많단다. (자녀들에게 이것을 경험시켜줘야 한다)

⑧ 수학을 잘하면 남들보다 더 많은 것을 볼 수 있단다. (결국 중3짜리 둘째 아들은 KMO 2차 은상 이후 너무 여유로운 모습을 본다)

⑨ 수학 문제를 푸는 것이 너의 아르바이트다. (많이 풀 때마다 많이 줬다)

⑩ 엄마와 누나를 무시하지 마라. 엄마는 엄마고 누나는 누나다. 가정에서 질서는 중요하다.

⑪ 우리 집은 말씀과 교회와 예배를 중심으로 돌아간다. 그래야 하나님 중심으로 살 수 있단다. (다섯 아이들은 성경 암송대회를 6년간 거의 98% 참석하고 있다)

자녀를 위한 훈계는 부모의 삶의 철학이 어디서 왔으며 어디서 배웠느냐가 결정짓는다. 그 지혜를 얻을 때 마치 옷을 입을 때 단추를 하나씩 꿰듯 착착 맞아 들어갈 수 있다. 이런 준비가 젊은 청년들에게 필요하고 세월이 흘러 나이가 들어갈 때 평안을 누리며 삶의 풍요로움을 더해 갈 수 있는 것이다. 그러나 부부가 준비되지 않고 첫 단추를 잘못 끼우면 마지막 단추는 결국 맞지 않을 것이다. 삶의 종착역은 씁쓸할 수밖에 없다. 결국 어떤 경우든 하나님께로 돌아가는 삶이 평안을 위한 가장 빠른 지름길이라 확신하고 확신한다.

에너지 전환의 실례, 둘째 아들의 KMO 2차 은상

둘째 아들은 초등학교 2학년 때 창의 로봇 방과 후 수업을 즐겼다. 국가에서 제공하는 스포츠 바우처로 태권도도 다녔다. 초등학교에서는 1학년 때부터 바이올린 방과 후 수업을 통해 6년 동안 오케스트라 단원으로 활동할 정도로 바빴다. 중학교 3학년이 되어서 초등학교 시절 뭐가 가장 힘들었냐고 물을 때마다 6년 동안 바이올린이 가장 힘들고 두 번 다시 하고 싶지 않다고 한다. 이런 아들은 지금 교회에서 일렉 기타로 찬양팀을 섬기고 있고, 중학교 3년 내내 밴드부장으로 활동하며 부산지역 교문페스티벌에서 당당히 1위를 했다. 이렇게 음악에 소질 있는 줄도 사실 잘 몰랐다. 수학을 강조하다 보니 뭔가를 하고 있나 보다 생각했다.

초등학교 2학년 때 창의 로봇 수업이 얼마나 좋았는지 인공지능 로봇을 만들고 싶다며 며칠째 재잘재잘했다. 그래서 유튜브를 통해 '휴보' 로봇을 함께 찾아봤다. 당시 세계 1위 인공지능 로봇이었다. 그것도 국산 로봇이었다. 아들은 이 경이로운 로봇을 보며 질문을 쏟아내기 시작했다. "어느 나라 로봇이야? 어디서 만들었어? 사람을 도와서 대신 일을 할 수도 있겠네. 어떻게 하면 만들어? 어떤 공부를 하면 카이스트 대학에 들어갈 수 있어?"

아이의 질문에 나는 순차적으로 대답했다. "우리나라 세계 1등 로봇이래. 물론 힘들고 어려운 사람들을 많이 도와 줄 뿐 아니라 전쟁도 대신 할 수 있겠지. 사람이 죽지 않아. 로봇 과학자가 되면 만들 수 있지. 로봇 과학자가 되려면 대학에 들어가야 하는데 이 휴보 로봇은 카이스트 대학에서 만들었데. 고3 때 수능을 쳐서 공부를 잘해야 들어 갈 수 있어." 아이는 마음이 급했는지 "빨리 가는 방법도 있어?"라고 질문했다. 그래서 나는 "수학만 잘하면 될 걸?" 마지막 나의 답변은 아이의 인생이 바뀌는 시작점이 된다.

　이때가 2학년 6월이었는데 혼자서 수학 문제집을 한 권씩 풀어나갔다. 2학년 2학기 유형별 수학 문제집을 3일 만에 다 푸는 것이다. 나는 애써 침착했다. 작심 3일만 넘기자. 그리고 3학년 1학기 문제집을 사줬다. 이것도 다 푸는데 일주일 걸린 듯하다. 놀면서 풀고 TV 보면서 풀고, 게임을 하면서 풀어나 갔다. 놀이는 이 아이의 학습 방해물이 아니었다. 오히려 일정 량을 하고 나면 자신감이 뿜뿜 올라갈 뿐 아니라 원하는 만큼 놀 수 있다는 여유가 그에게 있었다. 이것이 나의 교육 철학이 었다. 그리고 성령의 아홉 번째 열매, 그것도 마지막에 나오는 절제의 열매를 늘 생각하며 기도하며 아이를 놀게 했다. 그리 고 6개월 남짓 만에 초등학교 수학 문제집을 모두 정복했다. 아이의 수학 정복 여행이 시작되었던 것이다.

　이때부터 나의 고민이 시작됐다. 지금까지 내가 가르치거나 만난 학생 중에는 이런 영재가 없었다. 그리고 이 아이를 어떻 게 키워야 할지 몰랐다. 나는 너무나 행복해서 일지를 써 내려 갔다. 그리고 그 일지가 8년째 100여 페이지가 넘는다. 문제는 이 아이를 그냥 내버려둘 것인지, 그게 아니라면 내가 어떻지 지도할 것인지에 대한 두려움이 더 크게 다가왔다. 어쩌면 나 의 분신 같았고, 게임 속의 캐릭터 같았다.

이 아이는 하나님 자녀이면서 동시에 나에게 맡겨진 아들이다. 잘 키워야 한다. 여기저기 찾아본 정보들은 사교육 없이 공부시키기 어렵다는 정보들이었다. 서울 강남 대치동 학원에 다니며 사교육을 시키는 아이 한 명당 교육비가 2억이라는 뉴스를 볼 때마다 왜 저럴까 싶었다. 게다가 이제 공부 좀 시켜보려니 돈 없는 개척 교회 목사, 교회도 잘 감당 못하는데 이 아들을 어떻게 키워야 하나 막막했다. 방목이 하나님의 뜻은 아니다. 돈을 들여서 영재를 만들 수 있다? 맞는 말이다. 모든 아이가 다 영재가 되는 것은 아니지만 일찍 시작하고 커리큘럼이 좋고 아이가 포기만 하지 않는다면 90% 성공 가능하다고 나는 생각한다. 그래서 내 마지막 꿈은 25명의 할아버지 목사가 되어(5x5=25, 즉 우리 자녀들이 결혼해서 또 5명의 자녀를 낳는다는 계산) 그들과 같이 게임을 하면서 수학 공부도 가르치고, 함께 예배드리는 것이다. 25명 중 20명 이상을 영재 자녀가 되도록 가르치고 싶다. 자신 있다.

내가 할 수 있는 것은 입시 정보를 알아두는 정도, 그리고 수학 하나라도 정복하기 위해 초등 수학 대회에 참가하며 일지를 써내려 가는 것이 다였다. 중등 수학부터는 가르칠 수도 없었다. KMO를 시작했을 때는 이 길이 맞는지 의구심이 들 정도로 나는 무지했다. 그리고 3년 반 동안 시행착오를 겪었다. 솔직히 넷째 아들을 지금 수학영재로 키우고 있지만 지난 일지를 살펴보면 아까운 시간이 많다. 최소 1년은 더 효과적인 시간으로 채울 수 있었다. 그래서 초등학교 4학년인 넷째는 형보다 훨씬 빠른 지름길로 가고 있다. 둘째 아들은 결국 중학교 2학년 때 KMO 1차 은상, 2차 은상을 받았다.

KMO를 잘 모르시는 분들을 위해 추가 설명을 조금 드려야겠다. 한국 수학 올림피아드 경연대회이다. 영재교, 과학고등학교를 지망하거나 의대를 지망하는 부모들, 특히 서울 강남 대치동 중심으로 볼 때 어릴 때부터 준비하는 첫 코스라고 보면 된다. 이 대회를 통해 세계 수학 올림피아드 국가대표를 선발하는 과정의 시작이라고 보면 된다.

KMO를 준비하다 수학의 한계를 느낀 학생들은 과학으로 넘어간다. 그리고 영재학교를 우선순위로 지망하고 떨어지면 과학고, 의대 순으로 목표를 잡는다. 영재학교는 공식적으로 고등학교가 아니다. 그러나 명칭은 과학고등학교로 쓴다. 전국에 8개가 있고 각각 100여 명씩 뽑는다.

첫 번째 영재학교가 카이스트에서 만든 한국과학영재학교 (부산)이다. 국가에서 장려하여 서울, 경기, 인천, 세종, 대구, 대전, 광주까지 설립했다. 전국에 일반 과학고등학교가 20여

개가 있다. 국가에서 얼마나 중요시하는지 재정지원으로도 알 수 있다. 일반 고등학교를 연간 1~2억 원을 지원한다면 과학 고등학교는 10억, 영재학교는 50억 원 가까이 지원한다는 정보를 본 적이 있다. 30~50% 정도의 학생들이 수시로 서울대에 입학한다. 나머지는 카이스트나 유니스트 등 공대로 간다. 영재학교 아이들은 학교에서 꼴찌를 해도 서울대, 카이스트에 들어가고 이후 학과에서 톱을 달린다.

이런 교육 코스를 준비하다 안 되어 일반고를 가도 선행된 학생들이기에 전교에서 톱을 하는 것은 당연지사다. 문제는 일반 가정, 특히 기독교 가정의 부모들은 전혀 모른다는 것이다. "쟤는 왜 저렇게 공부를 잘해?", "학원 다니며 선행을 했대.", "부모가 의사 또는 변호사래." 그러면서 자신은 돈이 없어서 못 가르쳤다고 자책한다. 그저 머리 나쁜 DNA를 가진 자신들을 탓할 뿐이다. 게임에 빠진 자식의 문제를 괴로워하며 그 자녀와 싸우고 있는 부모들이 얼마나 많은가!

다시 말하지만, 우리 둘째 아이의 지능은 7살 때까지 웨슬러 검사지를 통해 볼 때 보통 이하였다. 셋째 딸은 KMO를 1년 동안 준비해 보았지만, 빵점을 모면하지 못하고 있다. 첫째 딸은 수포자다. 중학교 3학년때부터 포기했다. 이쯤 말하면 우리 가정이 지능적으로 뛰어난 DNA를 가지고 있지 않음이 증명되었을 것이다. 나도 첫째 딸아이의 휴대폰 과몰입으로 인해 엄청나게 싸웠다. 그 결과는 아주 비참하다. 훈계가 결국 역효과를 가져다줬다. 첫 아이를 키우는 초보 부모의 시행착오를 나도 비껴가지 못했다. 그래서 오래 살아 조부모로서 그 역할을 대신해 주고 싶다. 너무너무 간절하다. 이 길을 가는 지금 광야 길을 걷고 있다. 독자들 중에는 아직 이해하지 못하는 부분들이 많겠지만, 앞으로 나눠야 할 부분들이 남아 있다.

수학이라는 과목을 통해 아이가 자신감을 얻으면 게임에 빠질 듯한 상황이 오더라도 이기는 힘이 생기는 것 같다. 자신의 실력에 대한 기득권을 잃고 싶어 하지 않기 때문이다. 그리고 계산이 빠르니 뭐가 더 이득인지 안다. 즉, 세월을 아끼고 이악한 때에 자신이 무엇을 준비해야 하는지 스스로 감지한다. 또한 게임 등에 빠지더라도 빨리 헤어나오는 것 같다. 중3이 된 아들은 게임을 하지 않는다. 이 책을 통해 강조하지만 중독되어 폐인의 삶은 사는 이유는 낙심과 좌절과 습관에 있다. 쉼을 주는 도피처로 잠시 게임에 빠질 수 있다. 결국 자정의 능력을 잃지만 않는다면 원래의 자리로 돌아오게 하는 데 수학의 역할이 컸음을 경험하고 있다. 그러니 영어를 잘해도 된다고 생각한다.

거룩한 에너지로 전환하라 다섯 번째

운동 에너지: 배드민턴

고려신학대학원을 입학하여 히브리어와 헬라어를 배우던 계절 학기 동안에 나의 심신은 폐인이 되었다. 새벽기도를 필수로 참석하고 30분 이상 개인 기도 후 퇴실해야 하는 하루 일과의 시작은 그야말로 고통이었다. 아침밥도 거르고 7시부터 수업 전인 9시까지 아침잠으로 보냈다. 부랴부랴 첫 수업으로 히브리어 수업을 들으면 오전 내내 무슨 소리인지 전혀 알아듣지 못하고 비몽사몽했다. 그다음 날은 그 전날 수업에 대한 쪽지 시험을 쳤다. 그래서 오후부터는 독서실로 가서 그날 배운 히브리어와 헬라어를 복습한다. 머리가 돌아가지 않았다. 외워지지 않는 것이다. 밤 1시, 2시까지 외우다 새벽기도 갈 준비를 하러 침실로 향한다. 매일 치는 쪽지시험 점수는 겨우 패스할 정도의 점수였다.

룸메이트 전도사님은 오후에 탁구, 농구, 축구, 테니스, 족구까지 하고 동기 전도사님들이 놀자고 부르면 족족 다 가는 그런 사람이었다. 그런데도 그의 쪽지시험 점수는 늘 90~100점이었다. 그의 하루 일과는 새벽기도 참여 후, 아침 먹고 수업 전까지 쪽지시험을 준비하다가 느긋하게 교실로 향했다. 쪽지시험 A급 점수를 확인하고 수업 시간에 졸지도 않는다. 점심 먹고 탁구, 1시간 집중 공부, 또 축구, 다시 1시간 집중 공부. 저녁 시간에도 운동과 공부는 반복되었다. 잠들기 30분 전 마무리 시험공부를 하고 11시가 되면 어김없이 잠자리에 들었다. 그렇게 공부를 해도 쪽지시험은 A등급이었다. 전도사님의 머리가 똑똑한 것이라 생각했다.

3년 후 나는 과락을 면하는 수준에서 힘들게 대학원을 졸업하고 강도사가 되었다. S 교회에 첫 출근하여 교역자실에 모였을 때 담임 목사님이 한마디 하셨다. '문 강도사는 내일부터 새벽 기도 후 배드민턴 치러 나오세요.' 선배 목사님들이 다들 웃기 시작했지만 그 웃음의 의미를 나만 몰랐다.

이 교회는 130년이 넘는 부산에 몇 안 되는 역사적인 교회였다. 새벽기도 1부가 4시 반에 시작되고, 6시에 2부까지 마치면 대부분의 성도들은 7시가 되면 집으로 돌아간다. 당일 새벽기도 담당 교역자는 설교 후 7시까지는 강대상 뒤에 엎드려 기도했다. 나는 피곤하면 기도하는 척 두 손 모으고 머리를 기대어 엎드려 졸기도 했다. 그리곤 집으로 들어가서 아침잠을 자는 것이 나의 루틴이었다. 그런데 이게 웬 날벼락인가! 7시에 배드민턴 치러 나오라니..... 배드민턴을 시작한 첫 두 달은 거의 약에 취한 쥐새끼마냥 하루 종일 해롱해롱했다. 얼마나 해롱거렸는지 선배 목사님께서 내 본명을 바꾸라 하셔서 7년 동안 문명철 강도사라는 별명까지 얻게 되었다.

그런데 운동이 요상한 점이 있었다. 9시에 운동을 마치고 출근하면 아침에 머리가 맑았다. 점심 후 졸리면 10분만 자도 숙면을 취했다. 점점 암기력까지 좋아지는 것을 느끼기 시작했다. 아니 실제로 암기력이 살아났다.

배드민턴을 치러 가면 60~70대 할머니들과 2:2게임을 하는데 두 달째 이기지를 못했다. 그분들은 프로였다. 30대 강도사 두 명을 앞으로 뒤로 왔다리 갔다리 보내며 농락했다. 게임을 끝내고 땀으로 샤워한 채 눈이 풀릴 정도로 넋이 나가 뒤쪽 벤치에 앉아 있을 때였다. 벤치과 코트은 1m 사이에 맞닿아 있었다. 우리를 이긴 칠십이 갓 넘은 할머니가 다른 분들과 연속 게임을 하시는 뒷모습을 나도 모르게 응시하고 있었다. 할머니의 뒤태가 20~30대처럼 찰랑찰랑하며 뛰는 모습이 아름다워 보였다. 꽤 인상적이었다.

결심했다. 이 운동은 나와 내 가족을 위한 최고의 운동이라는 것을 깨달았다. 배드민턴은 엄청난 체력을 끌어올려 주었고 매너 있는 운동, 함께 할 수 있는 운동, 남녀노소 나이와 상관없이 할 수 있는 운동이라는 것을 직감했다. 이 운동은 나의 모든 청춘을 회복시켰다. 무엇보다 체력이 어마무시하게 올라갔고 노숙의 때를 완전히 벗어버렸다.

배드민턴을 함께 하는 우리 아이들이 얼마나 멋진지 보여주고 싶다. 운동의 가치를 알고 지금까지 자녀들에게 수영, 태권도, 특별히 필수로 배드민턴을 강조하고 있다. 어떤 아이들은 태권도 검은띠 2단을 넘어 진행하는 아이도 있다. 70대 노인이 되어서도 손자 손녀들과 함께 배드민턴을 치며 웃고 뒹구는 그날을 그려본다. 운동이 과거 PC방 생활로 생긴 중독성을 땀으로 배출시키는 것을 느낄 수 있었다. 20년 가까이 클럽에서 배드민턴을 즐기면서 자녀와 가족들에게 전하는 운동 전도사가 되어 있다.

운동은 정신 건강에 너무 좋다. 혹, 중독 문제로 자녀와 고통을 겪고 있다면 국토 대장정에 참여해 보는 것을 추천한다.

나는 마라톤은 완주해 보았지만 국토 대장정은 해 본 적이 없다. 그러나 만약 나의 자녀 중 하나가 심각한 중독 문제로 고통받고 있다면 이 프로젝트를 실천에 옮길 것이다. 이만한 프로그램은 없을 듯하다.

6장

결국은 하나님 편에
서야 한다

거룩한 이가 이것을 창조하신 바인 줄 알며
함께 헤아리며 깨달으리라

저주를 제거하기 위한 절규

고통 속에 잠들지 못하는 밤

내 나이 서른 쯤 전문인 선교회를 함께 세워가자는 동역자들의 뜻을 뒤로 한 채 신학대학원 입학을 준비했다. 혼자만의 자취방 생활이 다시 시작됐다. 무슨 이유인지 밤이면 잠이 오지 않았다. 외로웠다. 밤새며 놀고 일하던 습관을 하루아침에 바꾸는 것은 힘겨웠다. 밤 10시에 누워도, 새벽 1시에 누워도, 새벽 4시까지는 잠을 잘 수 없었다. 눈을 아무리 감고 있어도 정신은 너무나 또렷했다. 잠이 오지 않으니 점점 짜증이 났다. 그렇게 괴로운 채로 뜬 눈으로 밤을 지새워야 했다. 어느 날은 양을 헤아리다 보면 날이 밝기도 했다

어느 날은 10억짜리 복권에 당첨이 된 상상을 하며 머릿속

으로 돈을 펑펑 쓰기도 했다. 행복을 품에 안고 누울 수 있는 어두운 밤이었다. 이 시간만큼은 그 어떤 꿈도 바람도 없었었다. 하지만 그 풍요로움은 1시간이면 끝이 났다. 잠은 더 오지 않았다. 다음 날은 100억 원을 상상하며 돈을 쓰기 시작했다. 여전히 행복하지 않았고 허망했다. 불면증에 화가 치밀어 올라 애꿎은 베개만 터트렸다.

가위에 눌리다

어느 날은 겨우 잠이 들었다. 잠이 들고 얼마 지나지 않아 깼다. 물을 마시려 일어났다. 분명 싱크대 쪽으로 가려 했는데 다시 그 자리에 누워있다. 다시 일어서서 싱크대까지 걸어갔다. 그러나 이번에도 잠자리에 그대로 누워 있다. 목이 너무 말라 타들어 가는 듯했다. 이번에는 재빨리 일어나 싱크대까지 빠른 걸음으로 갔다. 그리고 한 손으로 싱크대를 움켜잡고 한 손으로 수도꼭지를 잡아 틀었다. 매트릭스 영화에 나오는 주인공처럼 천천히 뒤로 끌려 나온다. 몇 년 만에 다시 가위눌림이 찾아온 것이다.

갓난아기 때부터 가위에 눌리곤 했다. 심할 때는 일주일가량 지속되기도 했다. 그럴 때마다 엄마는 날 깨우기 위해 흔들며 뺨을 때리곤 했다. 그러나 좀처럼 정신이 들지 않아 애를 먹었단다. 여기저기 한약방을 오갔지만 가위눌림은 나이 서른 살 장성한 청년의 나이에도 사라지지 않은 것이다.

사흘 밤낮으로 사경을 헤맨 적도 있었다. 약을 먹어도 소용이 없었다. 천장에 매달린 귀신을 보고 기겁하기도 했고, 꿈틀거리는 큰 이무기가 나를 휘감을 때도 있었다. 엄마의 품에 안겨 젖을 빨며 버텼다. 그런데도 악몽으로부터 깨어나지 못했다. 초등학교 6학년 때 일인데도 지금도 생생하다.

가위에 눌려 시달리던 내 방에서 어머니는 돌아가셨다. 스스로 죽음을 택하셨다. 그때의 가위눌림이 거의 15년 만에 다시 나타난 것이다. 영적으로도, 육체적으로 지쳐 있었다. 열심히 성경 공부, 영어 공부를 하며 신학대학원을 준비하고 있던 때라 몸이 허약해지진 틈을 타 영적 싸움을 걸어 오던 두려움의 존재들이 있었다.

PC방 폐인 생활과 그 연장선상이었던 과도한 업무, 그리고 몸보신을 잘하지 못하고 신학대학원을 준비하고 있던 때라 기력이 많이 떨어졌다. 가위에 눌리면서 생각했다. '어떻게 일어나지? 이 자취방에는 아무도 없는데…' 꿈속에서도 내 방의 퀴퀴한 곰팡이 냄새가 느껴졌다. 불빛 한 가닥 없는 칠흑 같은 반지하 방이 생생히 보였다. 그러나 몸은 움직이지 않았다. 가슴이 조여 왔고 이렇게 심장마비로 죽는구나 싶었다. 순간 등 뒤에 무언가가 붙어있다는 것을 느꼈다. 내 등 뒤에서 내 어깨를 잡고 끌어당기고 있는 검고 물컹한 것이 느껴졌다. 그 물체를 떼어내기 위해 당겼다. 검은 고무줄처럼 늘어날 뿐 떨어지지 않았다.

'이건 뭐지? 어떡하지…?'

불안감은 더 강하게 심장을 조여 왔다. 이렇게 심장마비로 죽어간다. 이때! 어제 낮에 읽은 성경 말씀이 기억났다.

베드로가 가로되 은과 금은 내게 없거니와 내게 있는 것으로 네게 주노니 곧 나사렛 예수 그리스도의 이름으로 걸라 하고 행 3:6

'그래! 나사렛 예수의 이름은 권능이 있지!'

말씀을 그대로 소리 내어 꿈속에서 암송하며 외쳤다.

'곧 나사렛 예수 그리스도의 이름으로 걸라!'

꿈속에서 사도행전 3장 6절 말씀을 철저히 외웠다. 그리고 '예~~수' 외마디와 함께 해방됐다. 그날 이후 반백이 된 지끔까지 가위눌림은 없다.

나이를 먹을수록 외로움은 더 커졌다. 집에서 공부한답시고 했지만 자기 관리가 되지 않았다. 그렇게 한 달의 시간이 흘렀다. 대학원 진학을 위해 대학 도서관에서 살기로 작정했다. 시장에서 3만 원을 주고 산 군용 녹색 침낭을 가지고 4학년 2학기 내내 대학원을 준비하느라 도서관에 자리를 틀었다.

월요일에 학교에 오면 도서관에서 제일 전망이 좋은 곳을 차지하고 앉았다. 부산 오륙도가 내려다보였다. 월요일에 잡은 자리를 일주일 동안 차지했다. 시험 기간일 때는 자리를 잡기가 하늘의 별 따기였다. 자리가 없어 메뚜기처럼 뛰며 자리를 옮겨 다니는 학생들도 많았다. 나는 도서관에서 학업에 열중했다. 비록 게임만큼 몰입과 집중은 되지 않았지만 포기하지 않았다.

월요일부터 토요일까지 도서관에서 지냈다. 밤이 되면 침낭을 가지고 동아리방에 들어가서 잤다. 그리고 다음 날 아침이면 다시 도서관에 가서 자리를 차지했다. 잘 씻지도 못해서인지 친구들이 가까이 오면 무슨 냄새가 난다고 난리였다. 냄새 덕분에 도서관 구역을 차지하기가 쉬웠다.

그리고 다음 해 내가 원하는 신학대학원에 입학하게 되었다. 자취방을 정리하고 천안에 있는 대학원 기숙사로 거처를 옮겼다. 대학원 기숙사는 더 이상 나를 배고프게 하지 않았다. 월세가 밀렸다고 독촉하는 사람도 없었다. 일숫돈을 갚으라고 찾아오는 인간들도 없다. 곰팡이도 없었다. 깨끗한 매트리스와 이불은 나를 행복하게 했다. 마음껏 쓸 수 있는 온수가 콸콸콸 쏟아졌다. 내가 살던 부산과 다르게 눈이 많이 내리는 곳이라 운치도 있었다.

내 육신은 안식을 찾기 시작했다. 지금껏 나를 지배하던 나쁜 환경은 찾아볼 수 없었다. 그러나 외로움은 남아 있었다. 신학 공부는 너무 어려웠다. 새벽에 일어나 새벽기도에 참여하는 것은 더더욱 힘들었다. 암기할 것도 많았다. 밤늦게까지 공부하는 것은 힘들지 않았지만, 이미 폐인 생활에 많은 시간을 보낸 나에게 글을 읽고 암기하는 것은 크나큰 고통이었다. 생활 습관은 이미 잘못되었고 운동도 하지 않아 밤에 잠이 오지 않았다. 체력도 바닥이었다.

'일찍 자고 내일은 새벽기도 가야 할 텐데… 앞으로 목사가 될 녀석이 새벽기도를 드리지 않고서야…'

나는 신학을 하고서야 인간이 되어 갔다

전도사가 되었다. 외로움은 여전했지만, 대학원 교수님 두 분과 함께 개척한 C교회에서 중고등부를 섬기는 사역은 너무 재미있었다. 중학교 1학년 여학생 1명을 맡아 시작한 중고등부는 1년 만에 15명으로 불어났다. 교사도 2명 세우게 되었다. 처음 참여해 보는 개척교회 생활은 너무나 행복했다.

전도사 시절 받은 사례금은 30만 원이었다. 내 평생 가장 안정적인 수입이었고 가장 든든한 수입원이었다. 아르바이트를 하던 시절처럼 이번 달은 얼마 벌까 고민하지 않아도 되었고 위험도 없었다. 공장을 다니던 시절처럼 더럽거나 인격적으로 부당한 대우를 받는 일도 없었다. 그리고 이 작은 사례금의 일부를 저축하여 매 학기 등록금도 준비했다. 놀라운 것은 대학 시절의 빚은 3,000만 원 가까이 불어났지만, 대학원 시절에는 빚이 1원도 늘지 않았다. 하나님의 방식은 참으로 신기했다. 학교의 장학금과 교수님 두 분의 도움으로 학기마다 등록금도 해결되었다. 덕분에 한 번도 휴학하지 않고 학업을 계속할 수 있었다. 놀랍다. 놀라운 하나님의 은혜다. 앞으로 벌어질 인생은 더 놀라움의 연속일 것이라는 것을 이때까지만 해도 나는 깨닫지 못하고 있었다.

나의 외로움은 해결되지 않았고 가정에 대한 갈망은 더 커져갔다. 언젠가 한 청소년 강사가 자기의 결혼 에피소드를 이야기했다. 강사는 자기가 결혼할 여자를 두고 날마다 기도했다고 말했다. 그리고 여자 청바지를 자기가 원하는 사이즈로 사서 방에 걸어뒀다고 했다. 아주 날씬하고 예쁜 청바지. 그 당시 최고의 배우였던 전지현 같은 배우가 입고 다니던 청바지라고 말했다. 청바지 사이즈에 어울리는 여자를 달라고 기도했고 강사는 뜻하는 바를 이루었단다. 강사는 하나님이 주신 아내가 지금의 아내라며 너스레를 떨었다. 그러면서 하는 말이 꿈을 버리지 말고 계속 기도하라는 것이다. 나도 과거에는 짝사랑하던 여성을 두고 포기하지 않고 기도했었다. 그러나 이후에는 아내에 대한 기도 제목이 완전히 달라졌다. 대학원에 합격하고 입학 전까지 대학원 기숙사에 혼자 거주한 적이 있었는데, 그때 미래의 아내상에 대해 많은 생각을 하며 이상형을 그리기 시작했다.

① 여자로만 보이면 좋겠습니다.
② 말이 통하는 친구 같은 여자였으면 좋겠습니다.
③ 지혜로운 여자였으면 좋겠습니다.
④ 자녀를 4명 낳을 여자였으면 좋겠습니다.

철없던 시절에 꿈꾸던 나의 이상형과 전도사가 된 이후에 그려본 이상형은 너무나 달라져 있었다. 이렇듯 나의 이상형과 가정에 대한 소망이 바뀌게 된 데에는 계기가 있다. 교회를 신실하게 다니는 가정을 볼 때마다 공통으로 내 눈에 비친 것이 있다. 그것은 행복, 안정, 감사 그리고 잘 자라나는 자녀들이었다. 저분들은 무엇 때문에 저렇게 복이 많아 보일까? 왜 저렇게 잘 살지? 키가 똥짜루만한 나도 행복한 가정을 얻을 수 있을까?

물론 교회를 다니고 있지만 행복하지 못한 가정들도 있다. 그런데 내가 본 것은 부부가 신앙 안에서 함께 인내하며 고난을 극복하고, 비록 힘든 삶 속에서도 자녀들을 양육하는 아름답고 행복한 모습이었다. 그분들이라고 삶이 언제나 탄탄대로만은 아니었을 것이 분명하고 자명하다. 그러나 신앙 안에서 소망을 가지고 인내하는 가운데 문제들을 해결해 나가고 있었다. 그리고 자녀들도 그 가정이라는 울타리 안에서 행복과 안정을 누리는 것을 보았다.

내가 7년 반 동안 짝사랑했던 그 여학생의 가정이 대표적인 예다. 나와 생년월일이 같았던 그녀의 가정은 내 눈에 늘 따뜻해 보였다. 그녀의 가정에도 왜 고난이 없었겠는가? 그러나 그 고난도 신앙으로 극복하는 것을 보았다. 그녀가 늘 1등을 하거나 승리하는 것도 아니었다. 그러나 자족하며 누리는 삶을 나에게 보여 주었다. 왜 그 가정들은 비절한 나의 삶과 다른 건지, 나도 그들처럼 행복을 누리며 살 수는 없는 것인지 그것이 항상 의문이었다. 그리고 급기야 나는 하나님을 원망할 때도 있었다. 교회 출석하며 봉사하고 열심히 믿음 생활을 했는데 왜 나에게는 복을 주지 않느냐며 떼를 쓰기도 했다. 그럴 때마다 하나님은 나에게 그 어떤 대답도, 현현도, 복도 주시지 않았다. 그래서 더 막무가내로 산 삶이 PC방 폐인 생활이었다.

교회에 가면 언제나 본당 기둥 뒤나 벽 뒤에 숨어 예배를 드렸다. 목사님의 설교에 성도들이 '아멘'할 때 나는 '노멘'했다. 할렐루야를 외치면 '놀렐루야'로 응수했다. '예수 믿으면 복을 받습니다.'라는 목사님의 말씀에 속으로 딴지를 걸었다. '말이사~(부산사투리) 다 복을 받는 건 아니거든요.'라고 중얼 거렸다. 그리고 다시 PC방으로 향했다. 그곳만이 내가 누릴 수 있는 자유와 안식처였다. 하지만 그곳은 나를 폐인으로 만들어 갈 뿐이었다. 피난처가 아닌 내 마음의 벽을 치는 곳이었다.

그러던 어느 날이었다.

예배 시간에 모든 성도가 서서 십계명을 교독하는 순서였다. 특별히 큰 글씨로 보이는 성경 말씀이 있었다. 내 눈에 꽉 차게 한 자 한 자 들어올 정도로 글자가 크게 보였다.

십계명 제 일은, 너는 나 외에는 다른 신들을 네게 두지 말라. 제 이
는, 너를 위하여 새긴 우상을 만들지 말고 또 위로 하늘에 있는 것
이나 아래로 땅에 있는 것이나 땅 아래 물 속에 있는 것의 어떤 형
상도 만들지 말며 그것들에게 절하지 말며, 그것들을 섬기지 말라
나 네 하나님 여호와는 질투하는 하나님인즉 나를 미워하는 자의
죄를 갚되 아버지로부터 아들에게로 삼사 대까지 이르게 하거니와
나를 사랑하고 내 계명을 지키는 자에게는 천 대까지 은혜를 베푸
느니라…" 출 20:2~17

'나를 사랑하고 내 계명을 지키는 자에게는 천 대까지 은혜
를 베푸느니라'라는 말씀 중에 특히 '자자손손 천대까지 은혜
를 베푼다'는 말씀이 내 눈에 꽂혔다. 내 가슴은 요동치기 시작
했다.

내 삶에 있어 항상 의문점은 왜 이토록 고통을 받고 살아야
하나였다. 부모도 없고, 돈도 없고, 가방끈도 짧고, 키까지 작
은 나에게 하나님은 도대체 뭘 주셨냐는 원망이었다. 그리고
그 여학생은 나와 같은 날 태어났는데 그토록 복을 받고 자라
는지를 도대체 알 수 없었다. 나는 더 열심히 새벽기도도 했
고, 열악한 환경 속에서도 십일조를 드리고, 봉사하고 건축헌
금도 했지만 나에게 오는 축복은 없었다. 그래서 하나님이 원

망스러울 뿐이었다.

그런데 이 십계명 말씀을 보는 순간 그녀가 축복받는 이유를 알게 된 것이다. 그녀가 축복받는 이유는 그녀가 예뻐서도 똑똑해서도 부모님 말씀 잘 듣고 교회 잘나가고 봉사 많이 하고 십일조를 많이 드리고 착해서가 아니었다.

바로 그녀 부모의 신앙과 기도 때문이었다

그녀의 부모가 자녀 양육을 위해 얼마나 많은 눈물을 흘렸으며 하나님 나라를 위해 얼마나 많은 헌신과 기도를 했겠는가! 반면에 나의 부모는 그런 삶을 살지 못했다. 내 부모도 내가 행복하게 잘되기를 바란 것은 마찬가지이다. 그러나 돈 많이 벌고, 출세하여 잘 살기를 바라는 세상적인 복들이었다. 하나님 안에서의 다른 행복한 삶도 있다는 것을 나에게 가르쳐 주지 못했다. 책임과 성실성을 가지고 사는 삶의 기본 철학을 가르쳐 주지 않았다. 본인들도 세상 속에 살기 힘겨운 나날들이었으리라.

장가만 가게 해주세요.

나의 기도 제목이 바뀌었다. 다시 한번 나의 서원기도를 올렸다.

'하나님! 내가 비록 가난하여 폐휴지와 박스를 줍고, 구두닦이를 하거나 리어카를 끌고 다니며 어려운 삶을 살지라도 내 자녀만큼은 믿음을 가지고 살도록 가르치는 아버지이고 싶습니다. 성실하고 정직하게 그리고 믿음을 가지고 하나님을 섬기는 자가 될 테니 장가만 가게 해주세요. 여호수아처럼 하나님 한 분만 섬기는 아비가 되겠습니다.'

내 인생의 첫 서원이었다.

너무 외롭고 힘든 시절의 기도가 매달리는 기도였다면, 이때의 기도는 약속의 말씀을 붙들고 내가 가장 원하는 기본적이고 하나님의 뜻에 부합한 기도였을까! 이전 기도와의 차이는 너무나 큰 격차였다. 이 기도는 확신을 가지게 하고, 인내하게 하며, 하나님께로 가는 가장 순수한 길이란 것을 그제야 알게 된 것이다.

'기도로 자란 자녀는 결코 망하는 법이 없다.'라는 유명한 말이 생각났다. 내가 하나님을 사랑하고 내가 먼저 계명을 지키면 내 후손 천 대까지 은혜를 베푸시겠다는 약속을 나는 드디어 받았던 것이다. 믿음의 자녀들이 복을 받는 이유는 바로 믿음의 조상들이 있었기 때문이고 믿음의 부모가 자녀들을 위해 기도하고 계시기 때문임을 알았다.

너무나 중요한 영적 원리를 몸으로 터득했다. 그리고 나의 서원기도는 열매를 맺었다. 내 나이 마흔 살에 큰 규모는 아니지만 그래도 한 교회의 담임 목사가 되었고, 5명의 자녀를 선물로 받아 내가 꿈꾸던 가정을 이루었다. (첫 책 P폐나목을 눈물을 쓰고 있을 2013년 당시, 자녀가 다섯이 될 거라는 것은 상상도 못하던 시절이다) 나를 팔불출이라고 할지 모르지만 나는 지금 사랑하는 아내와 5명의 귀여운 자녀를 둔 행복한 가장이다.

아내를 만나다

짝사랑하던 그녀를 처음 만난 그 수련회 자리에 내 아내도 그곳에 있었다. 그 당시 내 아내는 할머니 집사님을 따라 고등부 수련회에 온 초등학교 2학년 아이였다. 간식을 나르던 할머니 옆에 9살짜리 여자아이가 따라다니고 있었지만, 나는 운명 같은 그녀의 존재를 알지 못했다.

놀라운 것은 내가 주일학교 교사로 섬길 때 아내는 우리 반 학생이었다. 그 당시 아내는 초등학교 6학년, 내 나이는 22살이었다. 내 아내는 교회에서 겉도는 여학생 몇 명 중 한 명이었다. 그 당시 내 아내는 나를 싫어했다. 내 말이라면 지독하게도 안 듣는 여학생이었다. 나에게 관심을 받으려는 것이 아니라 특별한 이유 없이 나를 싫어했다.

아내가 23살이던 해, 나는 대학원을 다니며 교회 2년 차 전도사를 맡고 있었다. 아내는 여름방학에 청년수련회에 참석하기 위해 내가 있는 천안의 대학원으로 왔다. 아내와 함께 온 또래 청년들은 대부분 내가 가르쳤거나 잘 아는 청년들이었다. 그들의 청소년기를 함께 보낸 유일무이한 교사였기에 내가 총각이었음에도 불구하고 달려들어 안기거나 팔짱을 쉽게 끼는 자매들도 있었다.

지나는 오랜만에 만난 나에게 깍듯이 인사를 했다. 2박 3일간의 청년수련회 기간 중 밤을 새우며 이야기를 나눌 기회가 있었다. 그녀의 부모 이야기, 할머니가 돌아가신 가슴 아픈 소식, 그리고 방황한 시절들에 대해 듣게 되었다. 여동생 이야기, 직장생활 이야기, 교회 이야기, 사귀다 헤어진 남자친구 이야기까지 소소한 이야기들을 모두 들었다. 그리고 10월경에

뉴질랜드로 떠난다는 이야기도 했다. 전도사로서 선생으로서 사심없이 기도하고 헤어졌다. 다시는 만날 일이 없을 듯했다.

그리고 일주일이 흘렀다. 그녀에게서 전화가 왔다. 말은 하지 않고 계속 울기만 하다가 한참 뒤에 말을 이어갔다. 사건이 터진 것이다. 그녀가 늦은 밤 직장을 마치고 집으로 돌아가는 길에 집 근처 골목에서 치한을 만났다. 다행히 뒤따라오던 친구 덕에 위기는 벗어날 수 있었다. 치한은 막다른 골목으로 도망을 갔고 경찰을 불러 집을 탐색한 후 치한을 찾았다고 했다. 경찰서에서 대질 신문이 이루어졌는데 치한이 끝까지 발뺌했다. 어처구니가 없었던 것은 치한의 엄마가 아들 편을 들면서 처음에는 어디서 거짓 증언하느냐부터 시작하더니 나중에는 네가 먼저 꼬신 것이 아니냐고 우겼단다. 새벽이 되어서야 치한은 이실직고했고 그녀는 부모 없는 서러움을 밤새 겪어야 했다. 서러움에 북받쳐 나한테 전화를 한 것이다.

그녀도 나처럼 부모님이 안 계신다. 딸처럼 키워주시던 할머니와 할아버지마저 돌아가셔서 여동생이랑 단둘이 살고 있었다. 도와 줄 사람이 아무도 없었다. 결국 그 치한의 엄마가 뱉은 마지막 몇 마디 때문에 아내는 합의를 봐줄 수 없었다고 했다. 나는 그 사건을 듣고 화가 났다. 안타까운 마음에 밤늦게 돌아다니지 말라며 어린 학생을 꾸짖듯 훈계했다.

내가 해줄 수 있는 것은 기도밖에 없었다. 내가 있는 천안으로 올라와서 기도의 시간을 가지기를 권유했다. 부산에서 올라온 그녀는 3일간 천안 신학대학원 게스트룸에 머물며 기도의 시간을 가졌다.

뉴질랜드로 갈 계획이 있었던 그녀에게 먼 타국에 가서 고생하지 말고 한국에서 좋은 사람을 만나 결혼할 것을 권유했다. 내 주위에 있는 좋은 동생 전도사들을 소개해 주고 싶은 마음이 컸고 목회자와 결혼할 마음이 있는지 물어봤다. 사모의 길이 힘들겠지만 주의 길을 가는 것보다 영광스러운 일이 있겠냐는 뜻밖의 대답을 그녀에게서 들었다. 그러다 결혼하면 자녀를 몇 명을 낳고 싶냐고 뜬금없는 질문을 한 번 더 던졌다. 4명이라는 그녀의 말에 내 마음이 꿈틀거리기 시작했다. 그녀가 여자로 보였다.

남 주기 아깝다

밖에는 비가 오고 있었다. 공교롭게도 우산이 하나뿐이었다. 독립기념관을 산책하는 동안 비를 피하기 위해 한 우산 속에서 붙어서 걸어야 했다. 내 몸이 꿈틀거리며 반응을 했다.

그러나 선생과 제자의 관계, 나이 차이는 무려 9살. 나는 여자로서의 그녀를 마음에서 지우려고 애썼다.

수요예배를 인도하는 날이었다. 함께 섬기던 여전도사님에게 그녀를 소개하고 예배 안내를 부탁했다. 수요예배가 끝난 후 나는 기숙사 방으로, 그녀는 게스트룸으로 돌아갔다. 늦은 밤이었다. 누군가 내 방을 노크했다. 그녀가 할 얘기가 있다며 찾아온 것이다. 오늘 예배 안내를 해준 여전도사님이 나에게 관심이 있는 것 같다는 것이다. 나는 그럴 리가 없다고 잘라 말했지만 그녀는 확신에 차 있었고 나더러 적극적으로 해보라는 말까지 했다.

그날 저녁 상황을 정리해 보자면, 부산에 사는 젊은 아가씨가 아는 사람이라곤 총각 전도사 한 명뿐인 천안까지 올라왔다. 여전도사님은 그것만으로 무슨 사연이 있나 보다 생각한 것이고 나와 그녀를 엮어보려고 했던 것 같다. 그런데 그녀는 여전도사님의 말을 곧이곧대로 듣고는 그렇게 말을 했다. 답답한 마음이 있었지만 내막을 말해 줄 수는 없는 노릇이었다. 그녀는 집요할 정도로 나를 계속 설득했다. 안 되겠다 싶었다. 여전도사님은 그녀가 나를 어떻게 생각하는지 떠보려는 속셈으로 너에게 그런 말을 한 것이라며 결국 설명을 했다.

잠시 정적이 흘렀다. 나에게 마음이 있냐고 돌직구로 물어

보면 그녀는 당연히 이 어처구니없는 키 작은 노총각의 질문에 아니라고 할 것이고 그 후 상황이 종료될 거라고 생각했다. 그런데 그녀의 대답은 내 예상을 빗나갔다.

"진짜 나랑 사귀자는 말이에요?"

이 뚱딴지같은 말은 뭔가 싶었지만 순간 던진 낚싯대에 물린 물고기를 놓치고 싶지 않았다. 짧은 질문과 대답 속에서 우린 서로 그린라이트를 밝혔다. 앞뒤 맥락도 없이 이어진 대화들은 어쩌면 하나님께서 각자의 마음속에 서로에 대한 이성적인 사랑을 불어넣어신 것 같기도 하다. (어쩌면 현재 부부로서 서로에게 가장 큰 불편함이기도 했지만, 이것조차 신앙 안에서 이겨내는 과정은 놀라운 하나님의 은혜가 아닐 수 없다는 생각이 문득 든다.)

그렇게 교제를 시작했고 2주 만에 결혼 약속을 했다. 우리는 결혼을 위해 기도하면서 하나님이 허락하심을 확신했다. 우리는 12월 18일에 결혼식을 올렸다. 12월 16일은 어머니가 돌아가신 날, 17일은 아버지 기일이다. 늘 유독 춥고 잔인했던 12월이었지만 결혼으로 인생이 바뀌었다. 아내가 시집 와준 것은 하나님께서 나에게 에제르를 주심이라. 결혼 생활 중간 과정에 이해할 수 없었던 하나님의 섭리와 은혜이리라.

쓰라렸던 나의 인생에 반전이 일어나기 시작했다. 착한 아내를 얻으므로 나의 추운 겨울은 끝이 났고 봄날이 시작되었다. 이런 천운(하나님의 은혜)은 지난날의 아픔을 씻는 계기가 되어 하나님의 나라(교회와 가정)를 섬기는 초석이 되어 간다.

내 아내 지나는 나의 '에제르'이다. '에제르'는 히브리어로 한국어 성경에는 '돕는 배필'이라는 말로 번역되어 있다. 아담이 독처하며 외로워할 때 하나님이 그에게 주신 아내의 이름이다. 창세기 2장 18절에 나오는 히브리어 단어로서 영어 '엔젤'과 발음이 비슷하다. 이 '에제르'라는 단어에는 남자에게 있어 '절대적인 도움'이라는 의미가 내포되어 있다. 그렇다. 하나님은 나에게 절대적인 도움인 '에제르'를 주신 것이다. 내 아내는 키 작고, 능력 없고, 부모도 없고, 가진 것이라고는 몸뚱이와 빚뿐인 나에게 시집을 왔다. 그리고 나에게 알토란같은 아이 5명을 낳아주었다. 여전히 게임을 즐기는 목사이자 남편인 나를 있는 그대로 묵묵히 받아들이면서 인내해 왔다.

아내가 나를 이해하고 받아들여 주기까지 많은 갈등이 있었다. 지금도 그 갈등의 간격이 쉽게 메워지지는 않는 듯하다. 그러나 나의 모든 허물을 덮어 주고 끝까지 인내해 준 나의 착한 엔젤 같은 아내는 우리 가정을 세워가는 데 있어 든든한 초석이었다. 나의 아내는 천사다. 지금까지 어려운 환경 속에서 아이들을 키우면서도 단 한 번도 귀찮아하거나 등한시한 적이 없다.

아내도 힘들다. 나도 힘들다. 아이를 5명이나 키우면서(어쩌면 나까지 6명) 아내는 늘 자신의 본분에 충실하고 아이들의 정서를 위해 최선을 다했다. 물론 오늘날 내가 목사로서 건강하고 온전한 삶을 살아갈 수 있는 것 또한 아내의 내조가 있었기 때문이다. 오늘날까지 가정이 온전하게 유지될 수 있었던 것은 전적으로 아내의 역할이 컸다는 것을 말하고 싶다. 온전한 가정을 세우고 다섯 명의 아이들을 잘 키워 내는 내 아내가 어찌 대단하지 않겠는가? 그저 고마울 따름이다.

시집와 줘서 고맙고, 다섯을 낳아 줘서 고맙다.

사랑한다. 지나야!

과거 삶의 저주들이 하나씩 풀린다

엄마 아빠

외출했다가 집으로 돌아왔다. 엄마는 내가 좋아하는 김칫국과 김치전을 했다며 배고파 투덜거리는 날 위해 밥상을 차렸다. 너무 배가 고파 투덜거리며 숟가락을 들었다. 옆에 아빠가 앉으셔서, 밥을 게걸스럽게 먹는 내 모습을 아무 말 없이 지긋이 바라보셨다. 한마디 하실 법도 한데 말이다. 그리고 이렇게 말씀하셨다.

"우리 아들 잘살았네. 우리 손주들도 이렇게 잘 키우고 말이야. 둘째가 영재과학고 합격했다며? 둘째가 인물도 좋고 키도 우리와 다르게 크다."

둘째가 영재과학고 합격한 것을 엄마 아빠가 어떻게 알지? 그 말을 듣자마자 나는 깜짝 놀라 꿈인 것을 알았다. 그리고 잠이 깼다. 대성통곡했다. 꿈속에서 미소 지으며 행복해하시는 아버지, 어머니의 모습을 보고 그리움에 사무쳐 울고 또 울었다.

"엄마, 아빠! 나 다섯이나 낳았어. 엄마는 나를 못 낳아서 얼마나 마음 아팠어? 괜찮아! 이 다섯 명 다 엄마 손주들이야. 아빠 나 하나 키우면서 얼마나 힘들었어? 가실 땐 나 걱정되어서 눈도 못 감으셨잖아. 나보고 맨날 서울대 법대 가라고 하셨는데 못 가서 미안해. 그래도 둘째가 영재과학고에 합격했어. 기쁘지? 행복하지? 이제 평안히 눈 감아도 돼.

엄마, 아빠! 나는 우짜든지 오래 살래. 그래서 부모 없이 내가 힘들었던 지난 40년 광야 세월 같은 시행착오를 다섯 자식들에게 물려주지 않을래. 천국에서 기도해 줄 거지?"

나는 울고 또 울었다. 50년 동안 흘린 눈물 중 가장 후련한 눈물이었다.

생모(生母)

부모님이 다 돌아가시고 2년 정도 지난 스무 살 때였다. 얼굴에 여드름이 덕지덕지 나던 순수한 청년 시절이었다. 혼자서 자취 생활을 하던 내 모습이 짠하셨는지 작은삼촌이 생모의 소식을 전해 줬다. 외할머니 주소를 받아 들고 찾아갔다. 외할머니는 나를 반겼고 아빠랑 똑 닮았다며 밥상을 차려주셨다. 2시간가량 흘렀을까, 부엌에서 인기척이 들렸다. 외할머니는 "니 친모가 왔나보다." 했다. 몇 분 후 부엌문이 살짝 열리더니 그 사이로 날 쳐다보는 한 중년 아주머니의 눈과 마주쳤다. 문이 천천히 다시 닫혔다. 다시 10여 분이 흘렀다 조용했다. 부엌에는 아무도 없었다. 그리고 삼십 년이 흐른 지금도 생모(生母)의 얼굴을 모른다. 이제 내 나이도 반백이다.

상담심리학 대학원 석사 과정 속에서 깨달은 내 엄마

나이 마흔다섯 살에 심리학 대학원 석사 과정을 시작했다. 2년째 수업을 하던 어느 날이었다. 우리 집 넷째와 다섯째가 아내의 가슴을 만지며 웃고 장난을 쳤다. 아들, 딸이 엄마의 가슴이 좋다며 만지려 하는데 아내는 기겁하며 호들갑을 떨었다. 마치 동물이 새끼들의 젖을 떼려 하는 모습처럼 느껴졌다. 아이들의 모습을 보며 내 어린 시절을 회상했다. 네 살 때부터 심각한 가위눌림이 있을 때마다 엄마의 젖가슴에 파묻혀 버렸다. 나의 안식처였다. 다 큰 초등학교 6학년 때도 마찬가지였다. 가위에 눌릴 때마다 엄마의 젖을 빨았다. 이불 속에서 1시간가량 빨았다. 친모도 내어 주기 힘든 자신의 가슴을 친자식도 아닌 나에게 내어 준 엄마였다. 내 엄마였다. 나는 오늘도 엄마의 사진을 보며 운다. 내 나이 반백살이다.

돌아가신 엄마를 다시 만난 날

아빠는 엄마가 돌아가신 이후 술만 드시면 '니 엄마가 죽은 것은 니가 싫어서 죽었다. 니 친엄마가 아니다. 잊어라.'라고 말했다. 돌아가시기 전 4년 동안 술만 마시면 반복해서 이야기했다. 물론 아빠는 엄마를 빨리 잊으라는 의미로 그렇게 매몰차고 무식하게 말씀하셨을 것이다. 자기방어를 위해 한 말은 평생 내 가슴 속에 쓰디쓴 상처와 저주로 남았다. 그래서 자살한 엄마는 내 엄마가 아니라고 생각하며 살았다. 내가 이렇게 고통받는 것은 모두 엄마 때문이라고 생각했다. 나에겐 육신의 아버지와 영의 아버지 외에 부모는 없다고 생각했다. 기독심리학을 통해 깊은 내 무의식의 세계를 들여다보기 전까지는 말이다.

이복 누나에게 전화를 해서 꿈 이야기를 했다. 누나는 나에게 엄마가 자살하기 며칠 전, 조카들의 돌잔치 준비를 하러 와서 해준 마지막 유언을 전해줬다. '용이는 내 아들이다. 그러니 너도 누나로서 동생을 잘 돌봐야 한다.'라는 말이었다. 엄마가 삶을 포기한 것은 지병인 자궁암, 생활고 남편에게 사랑받지 못한 괴로움 때문이었다. 아들인 내가 싫어서 포기한 삶이 아니었다.

누나의 말을 듣고는 휴대폰을 꼭 끌어안은 채 길거리 한복판에 쪼그려 앉아 오열했다. 정신 나간 사람처럼 울었다. 지나가는 사람들이 힐끔힐끔 다 쳐다보고 있었지만 상관없었다. 중학교 1학년때 애곡하지 못한 한을 풀어냈다. 그리고 마음으로 다시 만났다. 날 사랑하고 날 친자식처럼 여기며 키웠던 그 어머니를 말이다.

에필로그

나는 목자(子)심서 2편을 집필 중이다. 헤아림 자녀 영성 12단계를 포함하여 수학 영재 육아 일기를 쓰고 있다. 프롤로그에서 그 일부분을 소개하고 끝을 맺으려고 한다. 그리고 코로나 기간 동안 어떤 하나님의 은혜가 있었는지 구체적으로 나누기 위해 이 글 이후 2편을 쓰고 있다.

내 딸들아 23살 쯤에 시집가거라

나는 자녀들이 생일을 맞이하면 축복하고 기도하며 안수해 준다. 그리고 '내 딸아 23살쯤엔 엄마처럼 시집가거라. 그래서 서른 전에 셋만 낳아라. 그리고 서른 살 이후 대학원이든, 유학이든, 취직이든, 하나님 앞에서 너만의 독특한 인생을 설계해 보아라.'고 가르쳤다. 왜냐하면 아기는 여자만 낳을 수 있는 특권이기 때문이다. 우리 집 다섯 자녀들의 축복이 나의 딸을 통해 또 다섯의 축복이 있기를 바라기 때문이다. 이것은 현재 섬기는 헤아림 자녀영성 선교회의 비전이고, 정확하게 말하면 나의 교육 철학이기도 하다. 나의 딸들과 그 후손들이 더 행복한 인생 설계를 하기 위한 로드맵이다. 대한민국을 위한, 한국 교회를 위한 나의 비전이다.

첫째 딸이 초등학교 4학년 생일 때다. 생일 축하하고 안수 기도하고 등교하는 아이의 머리에 내 손을 얹고 마음껏 축복했다.

"사랑하는 내 딸아, 23살쯤엔 엄마처럼 시집가렴. 혹 특별한 재능이나 사명이 있어서 시집을 늦게 가거나 못 가면 어쩔 수 없지만 평범한 삶이라면 이게 너를 위해 좋은 거란다."

딸아이가 학교를 다녀와서 있었던 일을 이야기했다.

첫째 딸: 아빠아빠아빠 내 친구 O진이 알지? 내 짝지! O진이가 나한테 생일 축하한다면서 언제 시집갈 거냐

고 묻더라. 그래서 내가 울 아빠가 오늘 아침에도 기도해 주면서 나보고 23살에 시집가라고 했어. 그랬더니 놀래더라고. 그래서 O진이한테 너는 언제 시집갈 거냐고 물었어 그랬더니 진이 엄마가 시집가지 말라고 하셨는데.

나: 왜왜왜왜?

첫째 딸: 골~~~치가 아프데

부모의 교육 철학이 다른 것이다. 만약 내 딸들이 바울처럼 독신의 은사가 있거나 혹 특별한 재능이 있어서 일을 해야 한다든지, 연예인이나 스포츠 스타 또는 출중한 학업 준비를 위해 결혼 못 할 수도 있다고 생각한다.

현재 중학교 2학년인 셋째 딸이 나의 가르침에 대해 이렇게 반응한다.

"아빠, 나는 의사가 되어서 서른 전에 셋만 낳고 싶은데, 아이를 많이 낳아 키우고 싶어."

내가 듣는 말 중에 가장 행복한 말이다. 꼭 그렇게 되기를 날마다 기도한다.

나의 소망은 25명의 손주들과 배틀그라운드를 하는 것이다

나의 마지막 소망은 25명의 할아버지 목사이다. 노년에 손
주 스물다섯 명과 배틀그라운드, 스타크래프트를 하는 것이
나의 꿈이다. 내 자녀 다섯 명이 각각 자녀를 다섯 명씩 낳으
면 총 25명. 이것은 아마 꿈일 것이다. 하지만 나는 소망한다.

"우리 할아버지 짱! 게임 정말 잘하는 우리 할아버지. 배드
민턴도 잘 치시고, 수영도 잘하시고, 우리 할아버지 설교도 너
무너무 좋아. 할아버지에게 축복 기도 받고 꿈나라로 가고 싶
어. 우리 할아버지가 지도해 주셔서 수학 영재가 되었어요. 하
나님께 영광 돌리는 삶을 살고 싶어요."

그래서 집필 중인 목자심서 2에서 헤아림 자녀영성 사역의
12단계를 마무리 중이다. 물론 다지고 다져야 하며, 현 자녀
다섯 명의 삶에 대한 구체적인 일기가 준비 되어져 가고 있다.
나는 결국 이런 손주들의 목소리를 듣기를 간절히 원한다.
그리고 나는 눈을 감는다.
마라나타!

온힐선교회* 이야기

온힐선교회는 2015년 첫 책을 출간하면서 전국으로 강연을 다닐 때다. 강의를 마친 후 게임 중독 문제로 부모님들이 앞다투어 찾아와 상담을 요청했다. 나는 중독 상담에 지식이 없었다. 마음이 아팠다. 부모님들에게 필요한 사역을 조금이라도 해야겠다는 마음에 우리 교회에서 온힐센터를 세웠다. 온라인 중독 힐링센터의 준말이다. 그리고 몇몇 청(소)년들을 받았다. 어린 친구는 홈스쿨 중인 초등학생도 있었지만 내가 감당하지 못해 잘 타일러서 며칠 내 가정으로 돌려보냈다. 많은 나이는 서른여섯 살이었다.

부모의 영성 부족과 가정의 문제

상담 요청이 쇄도했다. 상담 가정들의 환경은 다양했지만 대부분 열악했다. 결론적으로 가정에서의 문제였다. 첫째

---

* 온힐선교회는 온라인 중독 힐링 선교회의 줄임말
　홈페이지: http://onheal.cafe24.com
　네이버 밴드: https://band.us/band/54853873

는 부모의 영성, 둘째는 부부의 관계, 그다음은 그 자녀의 양육 문제였다. 이 영성 문제는 관계 문제를 자아냈다. 목민심서 2(내 딸들아 23살쯤엔 시집가거라!)에서 더 구체적으로 풀어 놓을 것이다.

청소년 때는 아무런 문제가 없었는데 이십 대, 혹 군대를 다녀온 자녀들이 삼십 대가 넘어서도 은둔형 게임 중독에 빠진 사례들도 많았다. 결혼해서도 남편이 게임 중독으로 물의를 일으키는 경우도 다반사다. 내가 상담한 가정 중 영적으로 건강한 가정의 자녀들은 상담 진행도 쉬웠고, 그런 자녀들은 얼마 가지 않아 문제를 해결했다. 아니 스스로 해결했다. 몇 가지 솔루션 키만 잡아주면 되었다. 문제는 영성이 깨진 가정은 별거 아닌 상황인데도 해결되지 않았다. 반대로, 정신 건강이 안 좋아 약을 먹는 청소년도 영성이 회복되니 감사가 나오고 시간이 흐르니 자연스럽게 해결되었다.

그 예로 고등학교 교사로 재직 중인 엄마의 이야기다.

자녀는 딸 하나, 아들 하나를 뒀다. 둘 다 공부도 잘해서 서울권 대학까지 다니고 아들은 군대도 잘 다녀왔다고 한다. 그런데 엄마와 이야기를 하지 않는단다. 군대 가기 전만 해도 말 잘 듣고 공부 잘하던 아들이 고작 노트북 문제로 엄마에게 폭력을 휘두르기 시작했다고 한다. 누나는 동생이 엄마에게 폭력을 휘두른 상황에 자기 방에 틀어박혀 회피했다. 아들은 취직이 잘 안되는 것이 다 엄마 잘못이라며 밤낮으로 게임만 하고 있다는 것이 엄마의 하소연이었다.

이 엄마와 상담하며 찾은 문제점은 남편의 사업 실패와 도박으로 자녀들이 어릴 때 이혼했고 그 후 대부분의 친인척과도 왕래가 없다고 했다. 학교 교사인 엄마가 권위를 가지고 자녀들을 훈육했음에도 엄마에 대한 원망이 점점 속으로 쌓여갔다. 일가친척들과 왕래가 없었기에 아들의 폭력과 게임 중독을 막고 도와 줄 어느 친척도 없었다. 최근 교회를 다니며 회복하려는데 쉽지 않다는 것이다.

엄마는 아들을 상담받게 하기 위하여 백방으로 상담센터를 찾았지만 자녀는 상담받지 않았다. 부모의 부족한 영성이 사방을 스스로 막은 것이다. 결국 그 자녀는 나와의 상담도 거절했다. 안타까웠다. 아빠의 관계, 가족의 관계가 깨어져 이렇게 자녀 문제를 낳은 것이다. 근원을 찾아 더 올라가면 하나님과의 관계, 영성이 단절되어 영적 영양분을 공급받지 못했다. 하나님에 대한 신뢰도가 높은 자녀들은 부모 훈계를 대체로 잘 따른다. 내 자녀들을 돌아볼 때 실시간으로 그것을 느낀다.

모든 것은 가정, 부부의 화합에 달려 있다. 좋은 직업, 나쁜 직업은 없다. 잘 살고 못 살고는 돈과 학력에 달려 있는 것이 아니다. 부모도 각자 젊은 날에 많은 시행착오를 겪으며 실수를 했을 수도 있다. 그러나 부부가 먼저 하나님과의 관계를 회복하고 화합한다면 훨씬 쉬워진다. 문제는 과거를 어떻게 청산하여 현재 어떤 삶은 살고 있느냐가 중요하다. 과거 청산과 현재 삶의 방향을 바로잡고 싶은가! 그리고 부부의 화합을 이루고 싶은가! 이 모든 것은 하나님과의 관계에 달려 있다. 이것이 영성이다. 그래서 힘든 젊은 부부들을 만나면 요즘 이렇게 요즘 권면한다.

'신학을 공부해 보세요. 전도사님들만큼 훈련을 받아 보세요.'

더 나아가 나는 사십 대 중반을 넘어 기독 심리학 석사 과정을 하면서 좀 더 명확하게 알게 되었다. 이 공부는 나를 심리적으로 깊이 알게 했다. 문제가 터져 수리하기에는 항상 더 많은 에너지를 쏟아야 한다. 나와 아내도 가정의 영적 문제, 과거사와 이어져 현재 지속되고 있는 문제에 집중 기도하고 있다. 그러나 하나님과의 깊은 관계는 문제가 터지기 전에 바로 잡히거나 빨리 잡힌다.

하나님을 가까이하라 그리하면 너희를 가까이하시리라 **약 4:8**

부모들이 반쯤 포기한 게임 중독 청년들,
상담 왔다가 프로게이머가 되다

온힐 선교회를 시작했더니 전국 각지의 청년들이 몰려왔다. 이들 중에 3개월 이상을 함께 공동체 생활하며 지낸 사람들은 50여 명의 남자 청년들이었다. 또한 상담 가정은 최소 300여 가정은 되는듯 하다. 그들을 보면서 마음이 짠했다. 마치 나를 보는 듯했다. 정말 아무 생각 없이 시작했다. 아무것도 모르고 시작했다. 그들 중에는 정신과 약을 먹는 친구들이 상당히 많았다. 나머지 친구들 중에 반은 같은 약을 먹어야만 할 것 같았다. 그러나 그들의 부모들은 자식들을 대부분 방치하고 있었다.

온라인 중독 치유를 목적으로 시작해서 매일 밤낮으로 게임만 하는 이들에게 자신의 젊은 에너지를 어떻게 전환할 것인지를 가르쳤다.

"게임을 정말 좋아하니? 그렇다면 차라리 프로게이머가 되자! 그래서 목표라도 세우자. 그냥 놀지 말고 돈 벌 수 있는 준비를 해보자. 유튜브도 운영해보자!"

그렇게 만들어진 첫 온힐센터 멤버들이 오버워치 게임으로 대만프로팀으로 가게 된다. 그들 중 몇몇은 중국과 미국으로, 코치로 자리를 잡아 갔다. 그렇게 10명 이상의 프로 게이머들을 배출했다. 모든 것이 무너질 것만 같은 삶을 하나님은 다른 방법으로 세우시는 것을 목격했다.

　나의 모든 재산을 마중물로 부었다. 5년 동안 센터 리모델링을 포함하여 50여 명의 청년들과 공동체 생활을 했지만 밑 빠진 독에 물 붓기였다. 그렇게 시간과 열정을 쏟아부으며 나에게 남은 것은 우울증과 남성 갱년기였다. 아내는 다섯 자녀를 키우며 더 큰 고통을 받았다. 그리고 온힐센터는 코로나로 인해 문을 닫아야 했다. 2021년 코로나가 터지기 전 교회가 먼저 터졌다. 나이 드시거나 온힐센터를 돕기 힘든 가정들이 떠나고, 아프고 다친 가족 구성원으로 인해 시골로 이사를 가셨다. 아내와 성도들이 온힐센터 사역에 대해 회의를 느끼기 시작했고, 모두가 지쳐 나가떨어졌다. 나도 전이 되어 소진되어 갔다.
　특히, 감사를 모르는 한 청년은 나를 완전히 번아웃 시켰다. 국가와 사회의 관심도 미흡했다. 코로나가 터지면서 발병 교회에 대한 뉴스가 쏟아져 나왔다. 겁이 났다. 그래서 어쩔 수 없이 문을 닫아야 했다. 마지막까지 남아 있던 36살 청년이 몇 달을 더 센터에 기거하다가 취직하여 하숙집을 얻어 나갔다. 결국 일반 목회도 할 수 없을 만큼 성도들도 다 떠나고 없었다. 청년들이 다 나가자 아내와의 갈등은 더 심해졌다. 부부 싸움하기 좋은 장소가 되어버렸다. 우리는 폭발했고 이혼 서류를 준비하고 있었다.

그러나 코로나로 인해 온힐센터 문을 닫는 것은 하나님이 나를 살리시기 위한 한 수였다. 코로나로 수많은 사람이 죽어갔지만, 나를 살리기 위한 하나님의 뜻임을 몇 년이 지나 깨닫게 되었다. 오히려 시편 3편에서 다윗의 머리를 드시는 하나님의 위로가 나타났다.

안식년으로 쉬면서 고신대학교 기독 상담대학원 2년 반 과정을 수료했다. 우울증과 남성 갱년기를 치료했다. 스스로 숨을 거두신 나의 어머니의 장례를 다시 치렀고, 35년 이상 무의식중의 낮은 자존감이었던 키 작은 콤플렉스를 끊어냈다. 이제 남은 것은 패배주의에의 대한 극복이다. 이런 하나님의 치료에 대한 더 구체적인 이야기는 목자심서 2편 또는 3편에 남길 예정이다.

코로나 기간 동안 자녀들의 교육에 집중했다. 특히 영성과 수학에만 집중했다. 그 결과는 다음과 같다.

자녀	학업	신앙과 그외
첫째 딸 (고3)	평범	암송대회 4년 연속 대상 타개척교회 청년부 섬김/ 특기 댄스
둘째 아들 (고1)	영재학교 대구과학고 입학 중등수학올림피아드(KMO) 1차 2차 은상	찬양부/22'부산 교문 밴드 페스티발 대상(일렉, 바이올린, 기타)
셋째 딸 (중2)	중1에 고등 정석상하 완료(수1,2 부분 진행)	찬양부(싱어), 만화를 잘그림
넷째 아들 (초 5)	고등정석과 중등KMO, 중등 물리 화학 진행 중	태권도 2단
다섯째 딸 (초 2)	수학 초5학년 진행 중, 그림을 좋아함 셋째딸이 스스로 가르침	* 5자녀 공통: 매년 암송대회 참가 * 가정예배: 안수기도

또한 아내와 나의 부부 친밀도를 끌어 올리는데 집중했다.

2022년 나는 가족들과 헤아림 자녀 영성 선교회를 출범 시켰다. 아래 내용은 헤아림 자녀 영성 선교회 사역 방향이다.

[HearHim Children Spiritual Church 헤아림 자녀영성 선교회]

1. 온라인 중독 문화를 거슬러 능력있는 거룩한 자녀로 양육하는 노하우를 연구 및 전수합니다.
2. 출산과 양육을 위한 국내 선교 사역입니다.

* 출산 장려는 부모에게 있어 가정과 양육의 철학이 바뀌어

야 하며, 구체적인 도움이 필요한 사역입니다. 그런 점에 있어 저희 헤아림 선교 사역은 선한 사역이 될 것이라 생각 됩니다. (시편 105편의 말씀)

* HearHim, 헤아림의 의미는 주의 음성을 들을 때 나를 헤아리고 다른 사람을 헤아릴 수 있는 공감형 제자, 자녀 양육을 뜻합니다.

* 오늘날 MZ세대의 YOLO철학, N포기는 풍족한 시대, 스나미처럼 밀려온 온라인 중독 문화로 아쉬움이 없는 세대입니다. 그러나 때를 놓치면 후회하기에 선배들이 일깨워 줘야 합니다. (엑사고라조메노이, 에베소서 5:16)

세부 사역

1. 온라인 중독 상담 : 휴대폰, 게임, 인터넷 현질(도박성), 은 둔형 외톨이 등 자녀들의 온라인 문제를 상담해 드립니다.(300 가정 이상 상담해 왔습니다)

2. 가정 상담 : 자녀 문제는 곧 가정의 문제이고, 부부, 부모 의 문제에서 대부분 비롯 됩니다.(200 가정 이상) 예로, 가게를 운영하던 30대 초, 40대 초 부부가 자녀 여럿을 두었지만 남 편의 극심한 온라인 게임 현질로 수천만 원을 탕진하기도 했 고 어떤 가정은 가게를 통째로 경매 잡히고 가출과 외도 중에 도 결국 화합을 이루고 셋째를 낳고 사는 내담자들도 여러 가 정이 있었습니다.

3. 부부, 부모 상담 : 좀 더 직접적인 고민을 안고 있는 내담하 시는 분들이 있습니다.

4. 프로게이머 양성 : 게임 중독으로 상담을 받 던 수많은 청년 중 온힐센터에서 50명 정도 공 동체 생활을 했습니다. 그중 15명 이상이 프로

게이머가 되어 있었습니다. 100%가 직장, 군대, 학교로 돌아가는 기적과 같은 일이 생겼습니다. 여력이 되면 재오픈하는 것이 기도제목입니다.

5. 주도학습을 통한 수학 영재 양육법 공개 : 현재 ZOOM으로 강의 진행 중입니다.

6. 출산 & 장려 국내 선교 사역 : 저를 만난 부부들이 한 명씩 더 낳았고 또 낳겠다는 결심을 하는 것을 보았습니다. 결국 선한 영향력을 끼치기 위한 다자녀를 둔 헤아림 회원들의 하나 됨이 필요합니다.

7. 지역별 헤아림 자녀 영성 연구소 세우기 : 여러 교회 간증 집회를 통해 하나님의 은혜를 나누고, 각 가정을 상담하며, 각 가정의 주도학습법을 전수하여 각 교회 중심으로 헤아림의 노하우를 나누는 모임을 가지게 합니다(자녀 양육 12단계: 목자심서 2편 24년 이후 출판 예정, 지금은 헤아림 ZOOM 강의를 통해 전수 되고 있습니다).

8. 헤아림 수련회 : 헤아림 연구소 회원들은 수련회에 참여할 수 있습니다. 물론 예비 부모와 청년들도 참여할 수 있습니다. 이 수련회를 통해 온라인 중독을 예방하고 가정의 화목과 영성과 영재를 발굴하는 것에 목적이 있습니다. 현재 장소는 조이풀 빌리지(포항 기쁨의교회, https://joyvil.modoo.at/)로 예정되었습니다.

목자심서 수학 영재 아빠의 요절 복통 육아 이야기

2023년 12월 1일 초판 1쇄 발행

지 은 이 │ 문해룡

펴 낸 이 │ 김수홍
편   집 │ 김설향
디 자 인 │ 사라박
펴 낸 곳 │ 도서출판 하영인
등   록 │ 제504-2023-000008호
주   소 │ 포항시 북구 대신로 33, 601호
전   화 │ 054) 270-1018
홈 페 이 지 │ https://blog.naver.com/navhayoungin
인스타그램 │ https://www.instagram.com/hayoungin7
이 메 일 │ hayoungin814@gmail.com

ISBN 979-11-92254-12-8

값 15,000원

※도서출판 하영인은 (주)투웰브마운틴즈의 출판 브랜드입니다.
※낙장·파본은 교환해 드립니다.